Zhongguo Wenhua
Zhishi Duben

中国文化知识读本

主编　金开诚

编著　李秀萍

汤显祖与《牡丹亭》

吉林出版集团有限责任公司

吉林文史出版社

图书在版编目（CIP）数据

汤显祖与《牡丹亭》/ 李秀萍编著 . 一长春：吉
林出版集团有限责任公司: 吉林文史出版社, 2009.12（2022.1重印）
（中国文化知识读本）
ISBN 978-7-5463-1533-1

Ⅰ . ①汤… Ⅱ . ①李… Ⅲ . ①汤显祖（1550～1616）
－人物研究②牡丹亭－文学研究 Ⅳ . ① K825.6
② I207.37

中国版本图书馆 CIP 数据核字（2009）第 222508 号

汤显祖与《牡丹亭》

TANGXIANZU YU MUDANTING

主编/ 金开诚 编著/李秀萍

责任编辑/曹恒 于涉 责任校对/王文亮

装帧设计/曹恒 摄影/金诚 图片整理/董昕瑜

出版发行/吉林文史出版社 吉林出版集团有限责任公司

地址/长春市人民大街4646号 邮编/130021

电话/0431-86037503 传真/0431-86037589

印刷/三河市金兆印刷装订有限公司

版次/2009 年 12 月第 1 版 2022 年 1 月第 4 次印刷

开本/650mm×960mm 1/16

印张/8 字数/30千

书号/ISBN 978-7-5463-1533-1

定价/34.80元

关于《中国文化知识读本》

　　文化是一种社会现象，是人类物质文明和精神文明有机融合的产物；同时又是一种历史现象，是社会的历史沉积。当今世界，随着经济全球化进程的加快，人们也越来越重视本民族的文化。我们只有加强对本民族文化的继承和创新，才能更好地弘扬民族精神，增强民族凝聚力。历史经验告诉我们，任何一个民族要想屹立于世界民族之林，必须具有自尊、自信、自强的民族意识。文化是维系一个民族生存和发展的强大动力。一个民族的存在依赖文化，文化的解体就是一个民族的消亡。

　　随着我国综合国力的日益强大，广大民众对重塑民族自尊心和自豪感的愿望日益迫切。作为民族大家庭中的一员，将源远流长、博大精深的中国文化继承并传播给广大群众，特别是青年一代，是我们出版人义不容辞的责任。

　　《中国文化知识读本》是由吉林出版集团有限责任公司和吉林文史出版社组织国内知名专家学者编写的一套旨在传播中华五千年优秀传统文化，提高全民文化修养的大型知识读本。该书在深入挖掘和整理中华优秀传统文化成果的同时，结合社会发展，注入了时代精神。书中优美生动的文字、简明通俗的语言、图文并茂的形式，把中国文化中的物态文化、制度文化、行为文化、精神文化等知识要点全面展示给读者。点点滴滴的文化知识仿佛繁星，组成了灿烂辉煌的中国文化的天穹。

　　希望本书能为弘扬中华五千年优秀传统文化、增强各民族团结、构建社会主义和谐社会尽一份绵薄之力，也坚信我们的中华民族一定能够早日实现伟大复兴！

目录

一 汤显祖——"东方的莎士比亚"

汤显祖像

（一）汤显祖生平简介

汤显祖是我国明代著名戏曲作家，字义仍，号海若，又号若士，自署清远道人，江西临川人。他生于明世宗嘉靖二十九年（1550），卒于明神宗万历四十四年（1616）。他是中国文化史上最富有哲学气质的文学家之一。无论在中国还是在世界文学史上都有着重要的地位，被誉为"东方的莎士比亚"。

汤显祖出身于书香之家，祖辈都是封建文人，没有做过什么大官。汤显祖从小就天资聪颖，且刻苦读书。"童子诸生中，俊气万人一"，12岁时，他的诗作即已显出才华，14岁便补了县诸生，21岁就中了举人。邹迪光《临川汤先生传》中说："于古文词外，能精乐府、歌行、五七言诗；诸史百家而外，通天官、地理、医药、卜筮、河籍、墨、兵、神经、怪牒诸书。"拥有这样才质学识的汤显祖在仕途上可以说是一片大好。但是，在当时的明代社会已经处于衰败的阶段，科举考试中的腐败现象俯拾皆是，考试成了上层统治阶级为自身牟取私利的途径，也成了确定贵族子弟世袭地位，获得高官厚禄的幕后交易场所，想依真才实学达到晋升是不可能的。在万历五年和万历八年的两次会试时，当朝炙手可热的首辅张居正要安排他的几个儿子张嗣修进士及第，遍招海内名士与张嗣修交往，而为了遮人耳目，就想找几个有真才实学的人做幌子，以表明他

汤显祖故居

汤显祖——『东方的 莎士比亚』

牡丹亭

汤显祖出身于书香之家

汤显祖与《牡丹亭》

汤显祖 34 岁时以极低的名次中了进士

的清白。当打听到海内最有名望的举人无过于汤显祖和沈某等人，就派了自己的叔父去笼络他们。声称只要肯同宰相合作就让他们的名次排在头几名。此招一出，沈某等人一方面碍于宰相庞大的势力，一方面又无法抵抗功名利禄的诱惑，就答应了张居正的要求，果然中了高科；但汤显祖洁身自好，不肯趋炎附势，没有为之所动。他虽然并不反对张居正的政治改革，但作为一个正直刚强的才子，他憎恶这种腐败的风气，因而先后两次拒绝了张居正的笼络，汤显祖也因此两次落第不中。在张居正当权的时候，他一直没能受到公正的待遇。但汤显祖刚正不阿的品格和高洁的操守，却得到有识之

汤显祖——『东方的 莎士比亚』

中了进士之后，汤显祖开始了他不平坦的仕途生涯

士的广泛赞扬。张居正死后，张四维、申时行相继被任为宰相，他们也曾以翰林的地位拉拢汤显祖成为自己的党羽，都遭到了拒绝。

万历十一年 (1583) 汤显祖 34 岁时以极低的名次中了进士，开始了他不顺利的仕途生活。他先在北京礼部见习，第二年以七品官职在南京任太常博士，而且一住就是七年。自永乐以来，南京是明朝的留都，虽然各部衙门俱全，但在实际上并无任何权力，所以汤显祖的太常博士也只是个没有什么实权的闲职罢了。正因当职时没有什么公事可做，也为汤显祖自己研读诗书提供了充裕的时间。当时南京是文人云集的地方，各地优秀的文人如徐霖、陈大声、何良俊、金在衡、臧懋循等都汇集至此。汤显祖，一方面和这些著名人士切磋诗文、词曲，一面自己潜心研究学问。这种恬淡自得的生活正同当初因投靠张居正而在此时被严加处分的文人形成鲜明的对比。

建立了两百多年统治的明王朝，到了汤显祖所生活的嘉靖、万历年间，已是千疮百孔、腐朽不堪。万历十六年(1588)，南京在遭到连年饥荒之后，又发生大规模的瘟疫，"白骨蔽江下"是当时悲惨景象的真实写照。当时汤显祖在南京任礼部祠祭司主事，在少年时就希望能为国家，为百姓做一番大事的汤显祖于万历十九年(1591)毅然上疏《论辅臣科臣疏》，抨击万历登基二十年的朝政，弹劾权臣首辅申时行和科臣杨文举等人，揭露他们贪赃枉法、欺掠饥民的罪行。此文一出震惊朝野，明神宗龙颜大怒，汤显祖遭到严重的政治迫害，被谪到广东徐闻县做典史。一年后遇赦，移任浙江遂昌做知县。在遂昌任职期间，他清廉简朴，体恤民情，下乡劝农，兴办书院，抑制豪强，平反冤狱，驱除虎患，

汤显祖因上书《论辅臣科臣疏》令龙颜大怒，被贬谪南方

汤显祖任职期间，清廉简朴，体恤民情

压制强豪，还在除夕释放监狱中的囚犯和家人团聚，元宵节让他们上街观灯。这些局部政治改革的成功，使浙中这块僻瘠之地面貌大为改观，桑麻牛畜都兴旺起来。然而在遂昌五年，政绩斐然、百姓拥戴的汤显祖，却遭到上级官吏的诬陷和地方势力的反对。黑暗的现实既堵塞了他施展个人抱负的道路，也浇灭了他依赖明君、贤相匡正天下的政治热情。万历二十六年 (1598)，听说朝廷将派税使来遂昌扰民，汤显祖不堪忍受，向吏部递了辞呈，也不等批准，就怀着满腔悲愤，回到老家临川玉茗堂寓所，这时他 49 岁。后来，吏部和都察院以"浮躁"为由正式给他一个罢职闲住的处分时，已经是三年之后的事了。

就在汤显祖弃官回家的这一年，他完成了代表作《牡丹亭》，此后家居十八年，主要过着以文墨自娱、教子养亲的生活。仕途的受挫使他把全部希望寄托在戏曲创作上。他的《南

汤显祖看不惯腐败的官场，一气之下辞官回了老家

汤显祖——『东方的 莎士比亚』

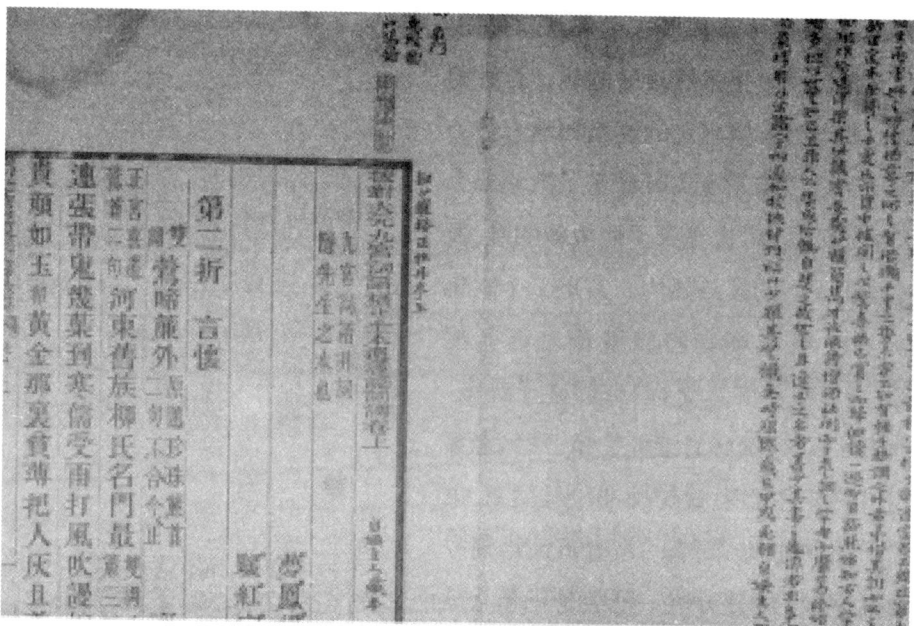

《玉茗堂还魂记》

柯记》(1600)、《邯郸记》(1601)继早期的《牡
丹亭》和《紫钗记》(1587)之后刊行，并
在各地演出。继承元代杂剧优秀传统的汤
显祖以此四部成就"临川四梦"（又称"玉
茗堂四梦"）构成一幅明末社会的现实图景。

汤显祖一生仕途历经坎坷，虽然政治
抱负无法实现，但他那些把批判与理想诉
诸笔端的反映时代生活的作品却成为人们
传唱不衰的经典。

（二）汤显祖思想主张

在哲学上，汤显祖接受古代优秀的文化思想，特别是在当时历史条件下接受了资本主义萌芽时期反理学、反传统、反专制的思想。

汤显祖初受祖传家风的影响，祖父曾劝儿孙弃官学道，祖母也常诵读经书。明代中期，随着资本主义萌芽的出现，在哲学上，出现了何心隐、罗汝芳、李贽等杰出的思想家，他们在政治上锋芒毕露，虽观点并不完全相同，但都以翻天覆地的雄心和气概，痛斥口谈道德而心存富贵的伪君子，并以"非圣无法"自命。汤显祖曾师承泰州学派的罗汝芳，直接体悟了泰州学派的一些进步主张。这一派学者继承了王守仁哲学思想中积极的部分并加以发展，抨击程朱理学，怀疑封建教条，反对束缚个性，认为"百姓日用即道"，带有比较浓厚的平民色彩。汤显祖在南京任官期间，又与杰出的反封建斗士、激进的思想家李贽和佛学禅宗大师紫柏交往密切，推崇他们为"一雄一杰"。他们的哲学主张给汤显祖以极大的影响，促使他形成了反对程朱理学、追求个性解放的思想。同时他早年就喜欢看佛道两家的书，深受佛道思想的熏染。晚年更是潜心佛学，又因政治生涯屡遭挫折，更易滋生消极出世、视尘世如梦幻的思想，这在他的《邯郸记》《南柯记》及部分诗文里都有表现。他自称"偏州浪士，盛世遗民"，说"天下事

李贽的哲学主张对汤显祖产生了极大的影响

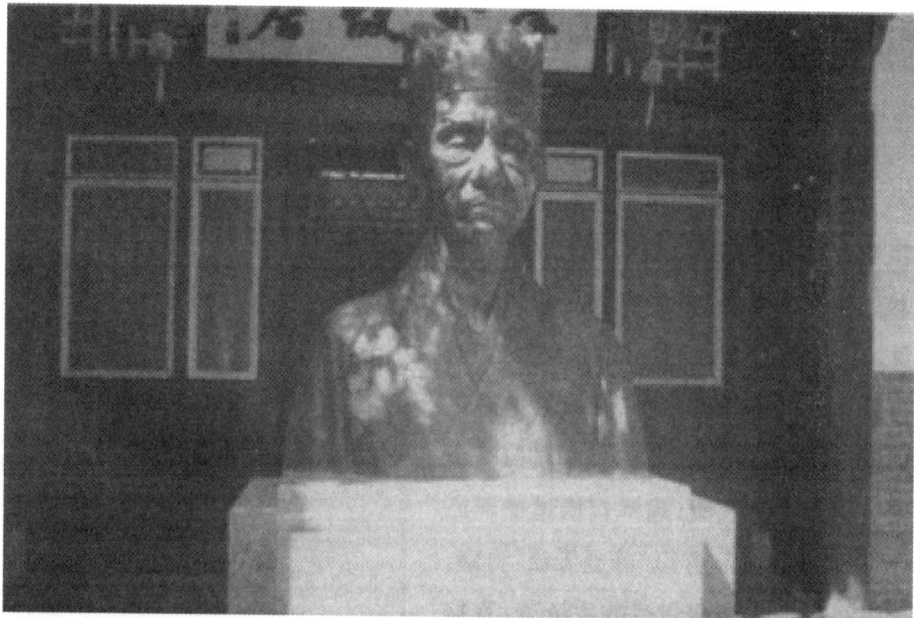

汤显祖与《牡丹亭》

012

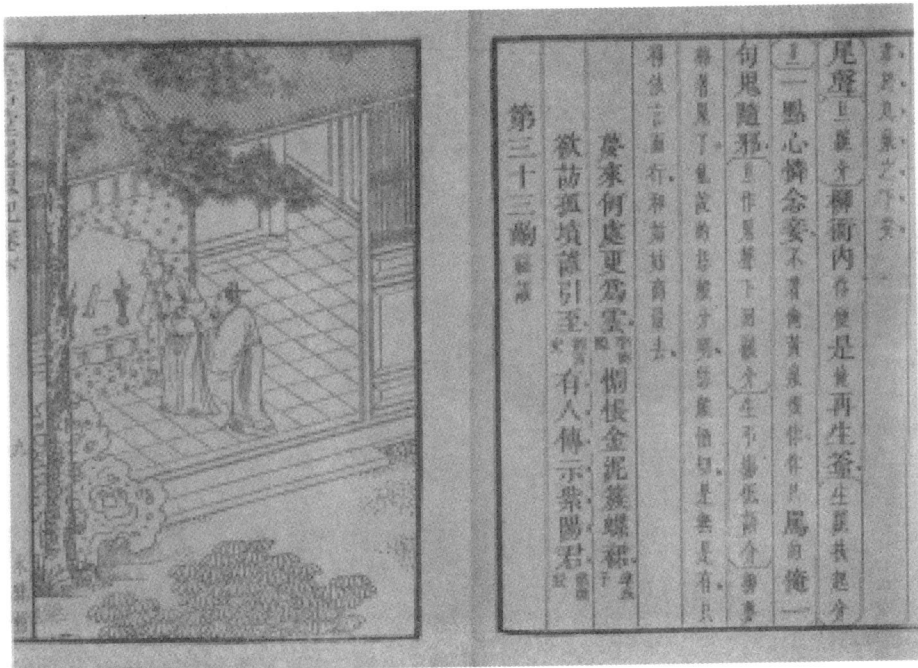

《玉茗堂还魂记》

耳之而已，顺之而已。"

在政治上，汤显祖反对专政统治，关心民生疾苦，主张宽简仁厚，对朝政的黑暗腐败极为不满，对现实有着比较清醒的认识，形成了他政治品格上不愿与专制的统治者同流合污的反抗性和斗争性，因此也被人称之为"狂奴"。

汤显祖一生蔑视封建权贵，宁淡泊一生，也不愿与之同流。早年参加进士考试，因拒绝当朝权贵张居正的招揽而落选。中进士后，又拒绝当时执掌朝政的张四维、申时行的拉拢。在南京时，他不和当时已很有声名的王世贞、王世懋兄弟往来，甚至在王世贞举行的公宴上

汤显祖故居

谢绝和诗，反而与抨击当时腐败政治的东林党人高攀龙、邹元标、顾宪成等人交往甚密，从来往的书信中可以看出他们在批评朝政时有着共同的立场。汤显祖推崇海瑞和徐渭这样"耿介"或"纵诞"的人物。晚年淡泊守贫，不肯与郡县官周旋。《明史》记他"意气慷慨""蹭蹬穷老"，颇能概括其生平之要。

在文学上，汤显祖崇尚真性情，反对假道学，把情与理放在对立地位上而尊情抑理；同时崇尚"自然灵气"，反对模拟因循，与公安派反复古思潮相呼应。

汤显祖在文学思想上与徐渭、李贽和袁宏道相近，极力反对"前后七子"的复古主张，提倡抒写性灵，"歌诗者自然而然"。汤显祖所处的时代，文坛为拟古思潮所左右。早在嘉靖时代，文坛上就盛行着李梦阳、何景明为首的"前七子"倡导的"文必秦汉、诗必盛唐"的风气；万历期间，以王世贞、李攀龙为首的"后七子"步其后尘，有加无已。汤显祖21岁时，"后七子"首领李攀龙已去世，但另一首领王世贞继续为文坛盟主，且"独操柄二十年"。王世贞不仅有才能，而且有地位和势力。可是，汤显祖是一个尊重文学而不屈服于势力的人，他重创新而反对复古，他注意汲取古代一切优秀的文学遗产而不为复古派所规定的范围所局限。他的文学思想和旨趣与王世贞辈大相径庭。

汤显祖所处的时代，文坛为拟古思潮所左右

王世贞像

在激烈的文学思想斗争中，汤显祖明确提出文学创作首先要"立意"的主张，把思想内容放在首位。他认为内容比形式更重要，不要单纯强调曲牌格律而削足适履，"凡文以意、趣、神、色为主，四者到时，或有丽辞俊音可用，尔时能一一顾九宫四声否？如必按字模声，即有窒滞迸拽之苦，恐不能成句矣"（《答吕姜山》）。这些思想在他的作品中都有具体体现，此外从他大量书札和对《西厢记》《焚香记》《红梅记》等剧作的眉批和总评中也可看出。

无论戏剧史观、创作论，表演论，汤显祖都贯穿以"情"的因素，"因情成梦，因梦成戏"。他认为，世界是有情世界，人生是有情人生。有情人生的最高境界是至情，最有效的至情感悟方式是借戏剧之道来表达的。《牡丹亭》便是至情的演绎。他的至情论源于泰州学派和李贽的影响，同时也渗透着佛道的因缘。他和以沈璟为首的偏重形式格律的吴江派进行了顽强的论争。

（三）汤显祖的文学成就

汤显祖是我国古代继关汉卿之后的

汤显祖故居

汤显祖用寓所"玉茗堂"为作品冠名

又一位伟大的戏剧家，他的戏剧创造性地继承了唐人小说和元人杂剧的优良传统，作品除早年未完的作品《紫箫记》外，主要是《紫钗记》《牡丹亭》《南柯记》和《邯郸记》四部传奇，因为主要是在家乡临川完成的，又都以有关于神灵感梦的情节作为全剧的关键，故合称为"临川四梦"，又因汤显祖在临川老家的寓所堂名是"玉茗堂"，故又称"玉茗堂四梦"。

汤显祖的哲学思想、政治理想和文学思想都集中反映在"临川四梦"中。"临川四梦"各有千秋，对当时的戏曲作出

汤显祖与《牡丹亭》

杰出的贡献，在明代传奇中占有重要位置。前两部作品《紫钗记》和《牡丹亭》属于儿女风情戏，写男女青年的爱情故事，主要是体现他对真情的歌颂；后两部作品《南柯记》和《邯郸记》属于官场现形戏或政治问题戏，写封建士子的宦海沉浮，主要体现他对政治的思考。

《紫箫记》是汤显祖的处女作，大约在他做官之前 (1577)，与友人临川才子谢九紫、吴拾芝、曾粤祥等人合写的，但没有完成。《紫箫记》主题基本上沿袭了才子佳人剧的格调，基本上没有反映什么社会矛盾。十年后汤显祖在南京任上时对《紫箫记》进行彻底改写，易名为《紫钗记》。《紫钗记》主要内容是：唐代陇西才子李益，游学于长安，年过弱冠，还

《南柯记》剧照

《紫钗记》剧照

没有娶妻，便托鲍四娘为他寻觅佳偶。四娘答应了，想到霍王府有年方二八、才貌俱佳的霍小玉，作为小玉的歌舞老师，四娘便想将小玉介绍与李。她知道小玉要在元宵节去观灯，于是就邀请李益也去看。立春之日，李益便和义兄崔允明、义弟韦夏卿前往郊外观灯游玩，游至胜业坊时，正赶上小玉和母亲郑六娘，丫鬟浣纱也来观灯，小玉忽然看见前面有几个秀才，连忙避开，不小心弄掉了头上佩戴的紫玉燕钗。李益捡到后知道这是霍府千金霍小玉的物品，于是借着还钗的机会，与小玉共结秦晋之好。良辰吉日，李益从崔韦二友处借了骏马、仆役前去与小玉拜了花烛，婚后二人情深意浓。殿试发榜，李益高中状元。喜事连连却隐藏祸患。因当初观灯时卢太尉父女在途中也恰好遇见他们一行人，五小姐卢燕贞看见李益仪表俊美，便暗生爱慕之情，暗示父亲招李益为东床快婿，后李益没有去卢太尉府，惹怒了卢太尉，借故将李益流放赴塞外为参军，以拆散一双恩爱鸳鸯，李益只得与小玉在灞桥折柳盟誓而别。霍小玉自从与李益分别后思夫成病，几弄到水尽山穷，李益也日夜

想念小玉，画了幅《征人闻笛望乡》画并托人
带给小玉。李益在职期间成绩卓著，卢太尉乘
机使出奸计，奏请皇上升李益为秘书郎，改任
孟门参军，不准归长安，即去赴任。卢太尉派
人送信给小玉，说李益已招赘在卢府。不久还
朝后又将李益软禁在卢府。小玉接到假信后十
分伤心，怨恨李益的薄情寡义，但又疑虑重重，
并不十分确信。为了寻访李益踪迹，耗尽了家
产。卢太尉便乘机不惜高价收买紫钗，以玉钗
证明小玉变节改嫁，并利诱威迫，使李益与卢
家五小姐成婚。小玉闻讯悲痛欲绝，在佛寺尽
诉冤情。黄衫客知其隐忧与冤屈，深表同情，

汤显祖——『东方的 莎士比亚』

汤显祖故居

花港观鱼牡丹亭

并援手相助，让小玉闯进卢太尉府索夫，被太尉阻挠，诬说李益有反唐的诗句，以诛九族作为威胁，并施以棒打之刑。黄衫客赶到，怒斥太尉专权专势，作恶多端，并李霍一事参奏皇上。最后，皇帝降旨：革去卢的职务，加封李益为集贤殿学士和鸾台侍郎，霍小玉为太原郡夫人、郑六娘为荥阳郡太夫人。至此，有情人终成眷属。

《紫钗记》是汤显祖创作的第一本完整的传奇，较好地继承了唐人蒋防传奇小说《霍小玉传》的现实主义精神，也体现了汤显祖的"情至观"，鞭挞了封建权贵，歌颂了理想的爱情，标志着

汤显祖与《牡丹亭》

汤显祖戏剧创作的成熟。剧本成功地塑造了霍小玉和黄衫客两位令人敬重的人物形象。除对霍小玉和李益的坚贞爱情进行了极为动人的讴歌和描绘外，较之《紫箫记》，加强了社会性的冲突，特别增加了权倾朝野的卢太尉这一人物，使原作小玉痴情、李益负心的矛盾转变为男女爱情与强权势力的对立，在对卢太尉专横跋扈的揭露中，显然反映了汤显祖的个人经历。其次，突出了黄衫客的侠义气质，使原作小玉含恨而逝的悲剧性结局变为皇帝降旨加封的大团圆收场；再次，重新设置了戏剧的结构，以紫玉钗贯穿

《南柯记 >》剧照 t

全剧，抒发感情，生发情节，展现矛盾纠葛，具有很强的戏剧性和动作性。

《南柯记》取材于唐人李公佐的传奇《南柯太守传》。此剧既叙官场倾轧、君心难测，亦状情痴转空，佛法有缘。这是汤显祖戏曲创作的一个大转变，同时也是其对现实社会进行深入思考的表现。此剧与《紫钗记》《牡丹亭》的明显不同之处在于改以梦写"情"为以梦写"政"。剧中主人公淳于棼是一个怀有政治抱负的士子，居官南柯，严于律己，勤于政事，清政抚民，将南柯一郡治理得物阜民丰，世风淳厚。后淳

《牡丹亭》剧照

汤显祖像

汤显祖——『东方的 莎士比亚』

于梦腐朽堕落，宦海浮沉。真实地反映了现实生活中统治集团内部争权夺利的斗争，特别是对于封建君臣之间所存在的尖锐矛盾揭露至深，表明了正是浑浊不堪的官场才导致了有为清正之士的人格异化、灵魂污染，指出这是封建时代知识分子的典型悲剧。

《邯郸记》源于唐代沈既济的传奇《枕中记》。剧中以吕洞宾度人成仙为一头一尾，中间过程描写了主人公卢生梦中侥幸以科举起家，直到出将入相，在荒淫无耻的生活中死去的宦海沉浮的一生。卢生不像《南柯记》中的淳于棼，他只是一心追求个人功名利禄和荣华富贵。作者用笔下卢生的梦境揭露封建政权中的种种黑暗与腐败：上起皇帝的荒淫昏庸，中过丞相

昆剧《临川四梦之南柯记》剧照

汤显祖——『东方的 莎士比亚』

的阴险恶毒、权臣的勾心斗角，下至官吏的贪赃枉法。卢生梦醒之后，求仙问道，宁肯被吕洞宾度化为蓬莱山门清扫落花的使者，也不愿在人间过那种争名夺利的卑劣无耻的生活，表达了作者对官场的极端厌恶。《邯郸记》表达了作者批判时政，揭露和讽刺上层统治者的卑鄙无耻的创作意图，是对明代官场社会的深刻鞭挞和总体否定。

《南柯记》《邯郸记》都是作者辞官归隐后的作品，均是以梦写政的寓言性的讽世剧。二者对晚明社会的揭露和批判，在广度和深度上都比《牡丹亭》更进了一层，表达了作者在经历了宦海风波后对追逐功名利禄的完全否定，同时也是作者看破世俗、理想幻灭后借助

《邯郸记》剧照

汤显祖与《牡丹亭》

花港观鱼牡丹亭

佛道两家的出世思想来求得解脱的映照。

汤显祖也创作过诗词，如《送于掌故宰彭泽》《初至平昌与苏生说耕读事》《平昌君子堂》《石门泉》等，还有辞赋，如《月洞诗序》《寄李宗诚》《答月石帆》《答于彭泽》等。

总之，汤显祖以自己的浪漫主义艺术珍品，代表了明代戏曲创作的最高峰，他是我国乃至世界上的一位文化巨人。

二 《牡丹亭》——爱欲与文明的冲突，真情与世俗的羁绊。

昆剧《牡丹亭》剧照

（一）《牡丹亭》的主题思想

《牡丹亭》完成于万历二十六年（1598），作品通过杜丽娘和柳梦梅的爱情故事，揭露了封建礼教和青年男女的爱情生活的矛盾，暴露了封建统治阶级的"理"与人类自然本性的"情"之间强烈的冲突，热情歌颂了青年男女在追求幸福自由的爱情生活上所做的不屈不挠的斗争。据作者说，其题材来源是多方面的，其中主要来源于明代流行的话本《杜丽娘慕色还魂》，也借鉴了前代志怪小说的一些细节片断，并对内容进行了全新的整合，突出了杜宝等人的卫道士立场；改变杜、柳门当户对的关系；改话本杜丽娘封建淑女角色为叛逆女性，强调追求自由爱情的艰难曲折，赋予作品以深邃的思想内涵、广阔的社会内容和强烈的时代精神。它一产生就震动了当时的文坛，成为我国戏曲史上浪漫主义的杰作。

1. 表达了以情反理的时代主题。

作品中的"情"主要表现为男女主人公对自由爱情的追求，"理"主要表现为封建伦理道德观念对人们美好生活的束缚。杜丽娘是剧中至情的化身，在她身上集中体现了以情反理的思想。当封建统治者所谓的"理"成为"情"的桎梏时，"情"必然要突破束缚，出生入死争取最终的胜利。

封建礼教反对自由的爱情婚姻，反对像杜丽娘那样的青春少女自然而然产生的情欲要

《牡丹亭》——爱欲与文明的冲突，真情与世俗的羁绊

求。与封建礼教的激烈对抗中，杜丽娘慕色而亡，追求爱情幸福至死不休，以残酷的现实环境来突出其实现理想的痛苦性和艰难性，表现无处不在的封建礼教对人性的漠视与对真情的虐杀。然而"世总为情"、"人生而有情"，杜丽娘因情还魂复生，以美好的浪漫幻想来展现她为爱情所作的不屈不挠的斗争，显示出人性的巨大力量与崇高价值和对"存天理，灭人欲"的程朱理学的坚决反叛与抗争。在爱欲与文明的冲突中，用形象化的手法肯定了爱欲的客观性与合理性，并对不合理的"文明"提出了强烈批判，曲折地反映了新时代的人性和价值观念。

昆剧《牡丹亭》剧照

汤显祖与《牡丹亭》

昆剧《牡丹亭》剧照

《牡丹亭》——爱欲与文明的冲突，真情与世俗的羁绊

昆剧《牡丹亭》剧照

昆剧《牡丹亭》剧照

汤显祖与《牡丹亭》

2. 体现了个性解放的强烈要求。

《牡丹亭》既是一部自由情爱的颂歌，也
是一部青春觉醒的颂歌。从杜丽娘生前身后至
还魂的整个经历深刻地剖析了人性从压抑到苏
醒、爱情从禁锢到解放的过程，反映了备受礼
教摧残的广大女性要求主宰自己命运、要求实
现生命价值的强烈呼声，超越了以往剧作把爱
情描写仅仅停留在反对父母之命、反对封建礼
教的狭隘层面，表达了挣脱封建牢笼、打破宋
明理学枷锁，追求个性解放、向往理想生活的
朦胧愿望。

《牡丹亭》的思想内容比起它以前或同时

昆剧《牡丹亭》剧照

代的其他爱情剧来显得更为深邃，它表现的"情"与"理"的冲突，"至情"的伟大力量和价值与明中叶的进步思想家反对程朱理学以摆脱礼教的思想解放运动一脉相承，遥相呼应。以情反理，以情抗理，在压抑人性、人欲的明代晚期社会高扬起人性解放的大旗，显示出在新的时代思潮中的进步光华。

（二）《牡丹亭》剧情简介

《牡丹亭》全篇共五十五出，以杜丽娘慕色还魂为主线。

南宋时期，南安太守杜宝只生了一个女儿，名字叫杜丽娘，貌美端庄，虽然已经十六岁了，

《牡丹亭》——爱欲与文明的冲突，真情与世俗的羁绊

《牡丹亭》歌颂恋爱自由，
宣扬人性解放

但还没有嫁人。杜宝是一个"摇头山屹，强笑河清，一味做官，片言难人"的封建官僚，他为了使女儿能够知书达理，成为女子中楷模，便为她请了年已六十的老秀才陈最良为师，对她灌输的也是"有风有化，宜室宜家"的封建教条。杜丽娘的母亲是杜宝家教的执行者，她看见女儿裙子上绣的一对花，一双鸟，都少见多怪，怕引动女儿情思。在严格管制下，独生女儿杜丽娘在官衙里住了三年，连后花园都没有到过。虽正当花样年华，但受封建礼教的束缚，被寂寞环境所包围，青春少女的心绪情怀深受压抑，精神空虚不已，开始对现状不满和怀疑。陈最良所教授的《诗经·关雎》"窈窕淑女，君

子好逑"的动人诗句引发了丽娘的情思，唤起了她青春的觉醒。

　　伴读的丫鬟春香偶然间发现了杜府后的花园，适逢父亲杜宝下乡劝农，在春香的诱导下，杜丽娘违背父母、塾师的训诫，偷偷走出深闺，来到后花园中游玩。常久困于闺房之中的丽娘被花园中百花争艳的美丽春色触动了蛰伏已久的思春之情。于是，她抱怨父母只知选择门当户对的女婿而使自己青春虚度。在这种苦闷的心情下，丽娘从花园回屋后，昏昏入睡进入梦境。梦中看见一个青年秀才手拿着半枝垂柳要她题诗，两

丽娘被花园中百花争艳的美丽春色深深触动

《牡丹亭》——爱欲与文明的冲突，真情与世俗的羁绊

自梦中相会以来，杜丽娘一直无法释怀，
无时 无刻不在惦念梦中人
杜丽娘相思成疾，日渐消瘦

人一见倾心，互诉爱慕之情，后被那书生抱到牡丹亭畔，共成云雨之欢，她的真情在梦中得到了无拘无束的表露。然而，正当两情绵绵，难分难舍的时候，杜母进房叫醒了丽娘，打断了美妙梦境。此后，丽娘痴痴挂念，难忘梦中恋人。第二天又去花园，希望能够寻找梦境。寻觅不得，失望之下相思成疾，日渐愁闷，形容消瘦，一病不起。有一天照镜子时，发现自己已经形容枯槁，连忙叫春香拿来丹青，将自己的容貌画在素绢上，并在

上面题了一首诗。她又把梦中的情境跟春香说
了一遍，并让春香把那画叫裱画匠裱好。杜宝
夫妇听说女儿病重，连忙叫陈最良用药医治，
还让石道姑来念经，可都不见效果。她在弥留
之际要求母亲把她葬在花园牡丹亭边的梅树之
下，嘱咐丫鬟春香将其自画像装在紫檀木匣里，
藏于花园藏在太湖石底。中秋节的晚上，丽娘
终在愁苦与伤感中香消玉殒。这时正赶上投降
了金国的贼王李全领兵包围了淮扬，朝廷升杜
宝为安抚使，立即动身上任剿贼。在紧急的情
况下，杜宝只好匆匆埋葬了丽娘，并修建了一
座"梅花庵观"供奉丽娘灵位，又委托陈最良
和石道姑照料。杜宝则立刻带着夫人和丫鬟春
香前往淮安，因为形势十分危急，半路上杜宝

杜丽娘临终前嘱咐丫环将自
画像藏于太湖石底

《牡丹亭》——爱欲与文明的冲突，真情与世俗的羁绊

045

又让夫人和春香乘船回了临安。

广州府有个秀才叫柳春卿，因为有一天梦见在一花园中，有一位女子站在梅树下，说与他有姻缘，遂改名柳梦梅。三年后，柳梦梅去临安应试，路得进宝臣苗舜宾援助。走到南安时，柳梦梅生病在梅花庵观中借宿。当病渐渐转好时，有一次偶然赏游花园，恰好在太湖石边拾到了丽娘的春容画像，发现杜丽娘就是他梦中见到的佳人。回到书房后，便把那画像挂在床头前，夜夜烧香膜拜。

柳梦梅与杜丽娘在梅花庵观相会

丽娘在阴间里一呆就是三年，阎王发付鬼魂时，查到丽娘阳寿未尽，就下令让她自己回家。丽娘鬼魂游到梅花庵里时，恰巧遇到柳梦梅正对着她的画像拜求，深受感动，便和柳梦梅再度幽会，自称是西邻的女子。他们两人夜夜的说笑声，惊动了石道姑。一天夜里两人正在说笑，被突然闯来的石道姑冲散。第二天夜里，丽娘只好向柳梦梅说出真情，并请求柳梦梅三天之间掘墓开棺。柳梦梅把实情告诉了石道姑，并求得她帮助。第二天，他们挖坟开棺，使丽娘起死回生，两人结为夫妻。道姑害怕柳梦梅与杜丽娘的事情被外人发觉，当夜雇船，三人一道去了临安。

　　杜丽娘的老师陈最良发现丽娘坟墓被挖掘，柳梦梅又不辞而别，就连忙前往扬州向杜宝告发柳生盗墓之事。但陈最良还没到就被叛军俘获，李全听说陈最良是杜宝府上的私塾先生，又得知杜宝还有夫人和春香，就听从妻子的计策，谎说已杀了杜夫人和春香，然后放了陈最良。陈最良到淮安见了杜宝，便把丽娘坟墓被盗，老夫人、春香被杀的事禀知杜宝，杜宝听后大惊，悲痛不已。后来杜宝忍痛写了两封信，让陈最良送给李全，封他官职还给了他们钱财、招降了李全，解了围难。

二人在牡丹亭结为夫妻

汤显祖与《牡丹亭》

二人相敬如宾，相亲相爱

柳、杜二人告别家乡，前往临安

《牡丹亭》——爱欲与文明的冲突，真情与世俗的羁绊

丽娘他们到达临安，在钱塘江边住下，等到柳梦梅想起考试的时候，考试时间已经过了，多亏主考官是苗舜宾，才得以补考。这时，因恰逢金兵南侵，战事紧张，朝廷延期放榜。丽娘让柳梦梅先到扬州看望她的父母，送家信传报还魂喜讯。柳梦梅走后不久，来临安的老夫人和春香因天晚找住处恰好与丽娘、石道姑相遇。柳生辗转找到了杜宝，但杜宝以为女儿早已经死了，心想怎么又会有个女婿存在，就以柳梦梅假冒的罪名，令人拿下押往临安候审。杜宝回到临安后，因军功升为宰相，陈最良升为黄门奏事官。这时，朝廷发榜，柳梦梅中了状元，可到处找不到他，原来他正被杜宝吊着毒打，因为在柳梦梅的身上搜出了丽娘的画像，

二人抵达临安，柳梦梅参加科举考试

杜宝便确定他是盗墓贼。苗舜宾听说后，赶到杜府，救下了柳梦梅。杜宝正气恼时，陈最良来到，说小姐确实又活了，柳梦梅就是女婿。柳梦梅虽然由阶下囚变为状元，但杜宝仍不承认女儿的婚事，认为这是鬼妖之事，强迫女儿与柳梦梅分离。

陈宝把此事告诉皇上，皇上要宰相、杜丽娘、柳梦梅、老夫人都前来对证。金銮殿里，众人都在殿下，皇上用镜子照，看有无影子，断定丽娘确实是活人。杜宝硬说丽娘、老夫人都是鬼魂所变，后经皇上裁决让他们父女、夫妻相认。丽娘又劝柳生拜认了岳父杜宝，杜丽娘和柳梦梅二人终成眷属。

历经磨难，柳、杜终成眷属

（三）《牡丹亭》经典剧段赏析

《牡丹亭》全剧共五十五出，《惊梦》是第十出戏，在这里，作者的生花妙笔写出了杜丽娘的青春觉醒，这是杜丽娘性格发展的重要转折时期，是女主人公在"牡丹亭上三生路"上迈出的具有决定意义的第一步，即她从名门闺秀走向封建叛逆道路的第一步。汤显祖视程朱理学于不顾，在"存天理灭人欲"

《牡丹亭》——爱欲与文明的冲突，真情与世俗的羁绊

的氛围之中，用"情"来衡"理"。他通过剧中杜丽娘为情而生，为情而死的事实作证，揭示人的欲望和诉求。《惊梦》是使"情"确立为全剧的核心，是违背伦理，摒弃道德的惊魂一梦的真情演绎。从结构上看，《惊梦》这出戏可分为"游园"和"惊梦"两部分，主要写女主人公杜丽娘为了排遣愁闷，走出深闺，通过赏春——感春——伤春的感情变化提示露出她青春的觉醒，由思春而感梦，由感梦而生情，终于在梦境中与意中人幽会，这是她走上反抗与追求的叛逆之路的开始。这里只对"游园"部分作细致的解析。

"游园"由六支曲子组成。前三支曲子主要写杜丽娘游园前的心理活动，后三支曲子主要写丽娘游园中的所见所感。

杜丽娘走上舞台，唱了一首《绕池游》，抒发自己清晨醒来百无聊赖的心绪和对深闺内院寂寞生活的厌倦，表达了青春萌动的心态。

"梦回莺啭，乱煞年光遍，人立小庭深院"，春天的早晨，从梦中醒来，莺鸟婉转鸣唱似乎诉说着春天到来，春光是如此撩乱人的心绪。"人立小庭深院"

故事先从杜丽娘游园写起

汤显祖与《牡丹亭》

春色满园打开了尘封已久的少女心扉

刻画了一个被禁锢在狭窄的闺房中孤独寂寞的女性形象。"梦回"不仅指人从睡梦中醒来，而且包含着婉转的莺声唤醒了女主人公春情这样一层意思。"乱煞"句也不单形容春色，更写出杜丽娘的心旌摇荡，意绪撩乱。"小庭深院"，是杜丽娘生活的地方。"小""深"二字说明生活天地极其狭窄，这是一种束缚人生活自由、窒息青春的阴冷环境。一边是莺啼催动的无限春光，一边是枯燥单调的闺阁寂寞。这种一动一静、一闹一寂的强烈反差，催动着少女思春的情怀，百无聊赖听凭沉香燃尽熄灭，没做完的针线活被抛在一边，没心思去做。深深地问自己为什么今年对春天的关心向往比去年更为殷切呢？一句自问，

《牡丹亭》——爱欲与文明的冲突，真情与世俗的羁绊

"游园"的描写表达了少女杜丽娘对自由的向往

把意欲挣脱束缚、向往自由（大好春光）的热望，淋漓尽致地表达出来了。连丫鬟春香都看出了小姐对春天的关心、向往同去年不一样。"炷尽"两句一个"尽"；一个"抛"，一个"残"，生动点出了女主人公沉闷单调的生活，表现出少女的慵懒及对现实生活的麻木。从这支曲子中我们不难体会到杜丽娘对环境的不满以及朦胧跃动的春情。《乌夜啼》以一首词作为人物

满园春色与少女久困深闺的颓靡形成了鲜明对比

上场的诗，是念白的一部分，不是唱词。"望断"，一直望到尽头，表示望的时间久长。"宿妆残"，是说昨天梳妆的发髻散乱，今天也顾不得梳理，只是发呆地望着。这首词的意思是，一早起来就眼巴巴地望着梅关，一直望到尽头。昨天梳妆的发髻，也顾不得梳理，只是发呆地望着。你凭着栏杆侧着头看得多久了？这无端的苦闷，剪也剪不断，

《牡丹亭》——爱欲与文明的冲突，真情与世俗的羁绊

理也理不清。作者通过凭栏呆望这一动作，形象地表达了杜丽娘对洒满春光的自由天地的憧憬和向往。春香不忍见丽娘郁郁寡欢，就怂恿她趁着大好春光梳着应景的发型去赏春。"宜春髻子"——相传立春那天，妇女剪彩作燕子状，戴在头上，上贴"宜春"二字。杜丽娘从春香那里知道已派人将后花园打扫过了，为了排遣一下自己的无奈，便吩咐春香取镜台、衣服来，为游园做准备工作。杜丽娘在这种说不清道不明的情绪下游园，奠定了整折戏的幽怨感伤的基调，正因有了如此微妙复杂的心理基础，才引出了下文的"伤春"。《步步娇》写

游园回来，杜丽娘郁郁寡欢，相思成疾

汤显祖与《牡丹亭》

杜丽娘游园前怀着难以名状的烦闷和自我欣赏的心情开始对镜梳妆打扮。此段从春光、春意起笔。大地回春以后，各种冬眠的昆虫都苏醒了，纷纷吐丝活动，这些虫丝是很细的，只有在风和日丽的时候才能见到。自然界中的一缕游丝也被丽娘发觉了，突出了丽娘对春的关切之情。她此刻在关注着自然界的哪怕是一丝一毫的变化，她渴望春天的到来。

《袅晴丝》一般有两种解释，其一是说太阳穿过灰尘照进院子，一条若有若无的光线照进来，人的情思也如同这若有若无的光线无法平静。作者不写桃柳蜂蝶，唯独选取

杜丽娘对花园里的春色十分关注，可见她向往 春天和自由的急切心情

《牡丹亭》——爱欲与文明的冲突，真情与世俗的羁绊

杜丽娘被困房中，懒于梳妆，日渐憔悴春光打开了杜丽娘闭锁的心扉，她开始梳妆

了纤细的游丝，此中大有新意妙理。首先，这样写完全是从规定情景出发，它不是主观随意性的产物。在小庭深院中的女主人公难以直接看到姹紫嫣红的春色，在这里只能从晴丝上体味到一点可怜的春光。其次，这样写与人物身份、性格相吻合。杜丽娘是一位过着闲适生活而愁闷的深闺人物，她是个对春天十分"关情"的妙龄少女，唯其如此，才会有此细心而专注的观察。所以说这两句同人物身份性格相吻合。第三，这样写体现出人物微妙心绪的理想物化形态，"晴"与"情"、"丝"与"思"谐音，所以"晴丝"

语意双关。它既指晴空里的游丝，又是女主人公心中起伏飘忽的情丝。无论是"游丝"还是这种"情思"，它都是这般纤细朦胧，都是这样的难以捉摸。春风将轻软的游丝吹进幽深庭院的景象，也可以看作是春光打开了丽娘闭锁的心扉，被萌生的情思逐渐摧开的心理写照。作者描绘的既是游丝袅袅的春景，也是情思缠绵的春情。情与景，物与我，虚与实结合巧妙，真称得上是体察入微。在思绪万千的心情下，杜丽娘对镜梳妆，戴上亮晶晶的花钿，穿上华丽的锦裙。如花美丽的少女从镜子里面审视自己的容貌、身段、神态，不禁沉醉。没料到那镜子把我半边脸偷偷照进去了，惹得我急忙躲闪，把美丽的发卷也弄歪了，还故意自我埋怨，怎么能走出闺房而显露在外呢？闺阁中的青春少女连自己姣好的容颜也不敢正视，可见封建礼教对人的禁锢是何等之深。明明是人照镜子，却偏说镜子把自己的半边面容偷照了进去，着意表现女主人公天真娇羞，含情脉脉的神态。而似乎镜子已偷窥到了姑娘春情荡漾的内心隐秘，把怀春少女的

春光打开了杜丽娘闭锁的心扉，她开始梳妆

《牡丹亭》——爱欲与文明的冲突，真情与世俗的羁绊

059

微妙心理刻画得惟妙惟肖。这样的美，这样的发现更激发了杜丽娘对美好生活的向往，对美好爱情的追求。

《醉扶归》主要写杜丽娘梳妆完毕准备出闺。春香夸赞她打扮得漂亮却引出丽娘顾影自怜的神情，以及珍惜青春却又无人赏识的落寞情怀。

春香看到在衣物饰品的装扮下娇艳动人的杜丽娘时不禁开口称赞，杜丽娘却表白道："你说我穿着绛红色的裙衫多么艳丽光彩，颈上戴的宝石镶嵌的花簪多么光彩夺目，可知我一生儿爱好是天然之美。"女孩子天生是爱美的，有对美的追求。杜丽娘认为自己的天然之美可使鱼沉雁落鸟惊喧，花羞月闭花愁颤，无

杜丽娘打扮完毕，却因无人欣赏而暗自神伤

汤显祖与《牡丹亭》

需色彩鲜艳的衣着与光彩夺目的饰物来衬托，写出杜丽娘内心深处对自己美丽的自信与怜爱。但春香并不能真正理解杜丽娘的美，所以杜丽娘的美也正是如同三春美好却无人知晓。杜丽娘此处用"三春好处"实则是比喻自己青春姣好的容貌，这是杜丽娘自然升腾的青春憧憬的直言告白，是丽娘对青春的珍惜，对爱情的向往和对个性解放的追求，也是对"存天理，灭人欲"的程朱理学的否定与挑战。我们看，在这令人窒息的生活环境里，尽管有沉鱼落雁之容，羞花闭月之貌，这青春之美又有谁来赏识呢？自己如花的美丽无人了解更无人欣赏，自我评价和他人评价的反差造成了杜丽娘心灵深处的强烈的失落感，一种孤独无偶的情绪沁满了心灵。杜丽娘用美丽的春天自喻，为后文伤春埋下伏笔，暗示"伤春"即是"自伤"，这就点明了上文杜丽娘所感喟"剪不断，理还乱，闷无端"这种郁郁寡欢心情的来由。

杜丽娘内心深处充满了对自己美丽的自信与怜爱

以上这三支曲子先写孤锁深院，韶华虚度，春光撩人；再写对镜梳妆、欲行又止，顾影自怜，情思摇漾。表达的

《牡丹亭》——爱欲与文明的冲突，真情与世俗的羁绊

是杜丽娘想寻找春天、寄托情思的感想。其中，有思春的烦、赞春的喜悦、惜春的感慨，这"春"，既包含着"春光""春色"，也包含着"春情""春思"。作者通过人物的动作、神态、语言的点染来写杜丽娘游园前的内心活动，一个欣赏自己的美丽而又抱怨幽居深闺无人赏识的富家小姐的神态展现在读者面前。接下来，杜丽娘在春香陪同下来到后花园，戏也正式进入游园部分。杜丽娘看到满园春色，不禁发出了"不到园林，怎知春色如许"的深沉感慨。这赞叹中夹杂着错过太多美好春色的深深伤感，也夹杂着自己的人生春天同样多姿多彩，然而却无一人走进来欣赏的忧伤，具有着赞春、伤春的双

满园春色令丽娘欣喜不已

汤显祖与《牡丹亭》

重意味。

满园春色关不住

《皂罗袍》是本折的高潮，唱出了女主人公在春色感召下产生的心灵震颤，刻画了杜丽娘千回百转的心态变化。

郁郁寡欢的杜丽娘到了繁花似锦的花园中，花园中的勃勃生机激发了杜丽娘心中被压抑的人生欲望。

美丽娇艳、姹紫嫣红的鲜花努力诠释着迷人春色，然而却只能展现在干涸了的废井、

鲜花努力诠释着迷人的春色

如此美丽的春色竟无人注意，再联想到自己，杜丽娘不禁悲从中来

坍塌了的墙垣、破败冷寂的庭院中。备受压抑的杜丽娘内心深处对美好景致的向往使得初入园林中的她心潮起伏，如此美好的春光却无人观赏，杜丽娘由此联想到自己，不禁悲从中来。"原来""似这般""都付与"几个词都带有强烈的感情色彩，带有无限的感叹和惋惜。作者用"姹紫嫣红"的迷人春色与"断井颓垣"的荒废景象形成了鲜明的对照，杜丽娘从"姹紫嫣红"看到了自己青春的生命，而这"断井颓垣"又使她百感交集，如此明媚的春光竟被辜负，自己美丽的青春也只能在深闺中埋没！自然

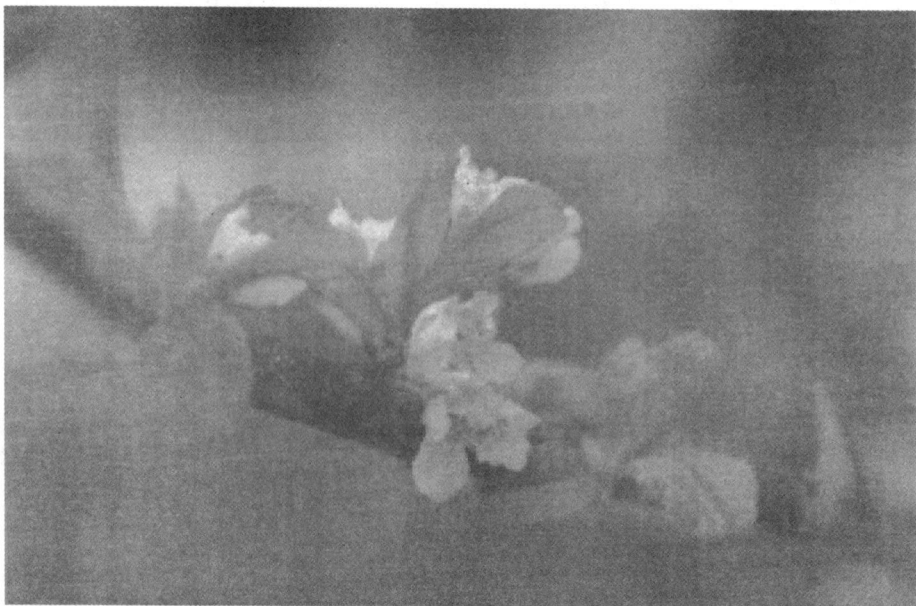

汤显祖与《牡丹亭》

外面的世界那样多彩，自己却在深闺中埋没青春，杜丽娘幽怨苦闷

地发出了感叹与幽怨——这样美好的春天，宝贵的时光如何度过呢？使人欢心愉快的事究竟什么人家才有呢？由物及人，一种自怜的情绪油然升起。突出了良辰美景与赏心乐事之间的矛盾，指出杜丽娘黯然的心情与艳丽春光间的不谐，春天的生机强化了她黯然伤感的情怀。渐渐地，杜丽娘在想象中把眼光从自己家的深宅大院转向了外面的世界，那世界是自由自在的，瑰丽的楼阁飞檐、华丽的亭台栏槛，如云霞一般灿烂绚丽，和煦的春风，带着蒙蒙细雨，烟波浩渺的春水中浮动着画船，直到看尽三春景色。杜丽娘从狭小的园内扩展到寥廓的境界，由近观到远眺，这正是女主人公心所向往的广阔天地。这画面中，融进

《牡丹亭》——爱欲与文明的冲突，真情与世俗的羁绊

了追求，也融进了惆怅。这是由概写、感叹进入到细致描绘，然而最终不得已的还是一声感叹——"忒看的这韶光贱"！深闺中的女子太不珍惜这美好的春光！实虚结合，写出了杜丽娘的不满、怨恨、无奈与控诉。

此曲中情与景交织，物与心交流，映衬了杜丽娘对景自怜的伤感，其内心深处顾影自怜的哀愁在美好春光的感召下喷薄而出。这是春心的萌动，更是追求美好生活和自由人性的觉醒。这样的呼声代表了禁锢在封建闺房中的千万妇女的心愿，在当时具有反封建的进步意义。通过杜丽娘的直白，以"乐景"写"哀心"，"倍增其哀"，宣泄了杜丽娘内心的郁闷，表达了她追求自由的热望，而杜丽娘的感情也由喜而转悲，由叹而转怨。

《好姐姐》大力渲染了春天的美丽，通过杜丽娘对具体春景的感受，进一步抒发了哀怨之情。

青山上到处都是开得红艳艳的杜鹃花，"啼"字是从杜鹃鸟泣血

美丽春色映衬了杜丽娘对景自怜的伤感

杜鹃啼血斜阳重

联想而来，宋代寇准有诗云"杜鹃啼处血成花"，杜鹃鸟以血染红了自己的美丽，恰似美人以美丽绽放着自己的生命，蕴涵着隐隐悲壮之美。这里借用"杜鹃啼血"的典故，渲染浓郁的感伤气氛。飘荡的柳丝让杜丽娘缠绕着幽怨且不能自持的情怀，而荼靡花外是如烟的暖暖春光，春光如烟似梦，一个"醉"字写出人沉醉春光里心酥身软的感受。"荼蘼"是一种晚春开放的小花，写"荼蘼"是为了衬托尚未开花的牡丹——"牡丹虽好，他春归怎占的先"，牡丹花被誉为花中王，然而牡丹虽然美丽，却在春天即将逝去的时候才开放，等它开花春天就要过去了，怎么能在春花中占得花魁呢！所以这里有"牡丹虽好，它春光怎占的先"的反问。字面上的意思是哀叹百花中之王的牡丹虽然美艳，但不能在春光烂漫的大好时节开放，迟至暮春才能开花，实则是杜丽娘以牡丹自比，暗含着她对虚度芳春的怨怅和自己美丽的青春被耽误了的幽怨和感伤。凝神只听见成双成对的燕子呢喃明快如剪，黄莺歌唱音调圆润婉转，都似话语缠绵。先写花柳，再写莺燕，将"燕"与"莺"拟人化，鸟儿还能成双成对地在一起自由飞翔鸣唱，而她只能面对春色，顾影自怜。"生生"、"呖呖"鲜明的听觉效果烘托出杜丽娘的孤独。以花、鸟衬人，表达了丽娘难以名状的落寞心绪。"去吧！"有一种无可奈何花落去之感。当春香说"这园子委是观之不足也"时，丽娘却说"提他怎的"，一切感慨都尽在不言中。

牡丹虽美，却没赶上在大好春光中开放

《牡丹亭》——爱欲与文明的冲突，真情与世俗的羁绊

春色迷人

杜丽娘本因为寂寞、单调的闺中生活使她感到烦闷、窒息，为消愁解闷才到花园里去散心的，不料，游园所见所感所闻的无限美好的春光，成双结对的莺燕，姹紫嫣红的百花，无不增添她的烦闷与惋惜，她那朦胧的无端的"闷"，非但没有解除，反而使伤春之意格外浓烈，哀怨之情更无法排遣。杜丽娘的内心产生了极度的痛苦和矛盾，于是唱出了"便赏遍了十二亭台是枉然。倒不如兴尽回家闲过遣"的慨叹，那种觉醒后的向往格外强烈，而现实的束缚又使得杜丽娘沮丧灰心。

《隔尾》结束了游园。她对爱情、幸福与自由的呼唤，是徒劳，是枉然吗？这一切在现实生活中都无法实现，也许她只能在梦中与情人相会。

以上是游园的主要部分，作者或寓情于景，婉转低沉，或直抒胸臆，痛快淋漓，极为细腻地展现了女主人公的心理变化。"游园"只是一个小小的片断，通过女主人公对春光的欣赏和叹惜，从赞美春天到伤感春天以及伤感个人命运的无法把握，表达了她对自然和青春的热爱，对封建礼教的不满，对自己命运的感伤，以及对这

种渴望无法实现的无奈。游园的主题就具有
了强烈的社会意义了。

流水潺潺，仿佛也在倾听柳、杜二
人互诉衷情

　　如果说"游园"是青春的觉醒，是对情
的朦胧渴望，而"惊梦"就是对爱无惧的追求，
对人性大胆的张扬。"惊梦"部分主要是杜
丽娘由伤春、思春而梦有所感，以致情生意
动，在梦中与柳梦梅幽会，充分肯定了作为
人的本性的男女之情的合理性与正当性，为
以后的由情生病，由病而死，死而复生的情
节做铺垫。

《牡丹亭》——爱欲与文明的冲突，真情与世俗的羁绊

（四）《牡丹亭》人物形象分析

1.杜丽娘——为情死为爱生

杜丽娘的形象蕴含着巨大的艺术力量，是冲破封建束缚、渴望个性自由的艺术象征。在中国文学和艺术中具有十分重要的意义。她可以为爱而死，也可以为爱复活，强烈地叩动着青年男女的心灵。

（1）个性觉醒与解放的光辉，使杜丽娘这一形象显现出深层的文化内涵

《牡丹亭》是一部以情反理、张扬个性的作品。剧中的杜丽娘是一个为争取个性解放和婚姻自由而与封建礼教做生死斗争的叛逆女性，她如痴如醉的深情，在生死中对爱对情不

《牡丹亭》是一部以情反理、张扬个性的作品

汤显祖与《牡丹亭》

懈的追求，对当时人们的爱情向往和理想追求有着巨大的感召力。

杜丽娘所处的时代和环境，禁锢了她的精神世界，遏制了人性的正常发展。她出生于太守之府，是千金小姐，从小被父母及迂腐的塾师先生以封建礼教严加约束，深寂的闺阁是封建礼教围成的大网，严酷的禁锢着杜丽娘的身心。然而，杜丽娘毕竟是一个少女，一曲"关关雎鸠"引燃了她对春天的热切盼望与憧憬，那渺茫而炽烈的爱情把她煎熬得憔悴不堪。她开始觉醒，不再甘心做循规蹈矩的闺阁典范，大胆披露出自己的内心欲望，满园春色催醒了爱情，现实中被压抑的情感，终于在睡梦中爆发，与心仪之人缠绵相恋。春天和青春生命美的发现，她对自主择偶的佳人才子"前以密约偷期，后皆得成秦晋"的羡慕，"寻梦"中对"似这般花花草草由人恋，生生死死随人愿，便酸酸楚楚无人怨"的渴望，以及梦中冥间对性爱的大胆主动追求，便都染上了个性解放的色彩。这种勇敢而自主地追求人性自由的女性，是此前戏剧乃至文学作品妇女形象中从未出现过的。

《牡丹亭》塑造了一个身居深闺却向往自由和个性解放的女性形象

《牡丹亭》——爱欲与文明的冲突，真情与世俗的羁绊

杜丽娘第二次游园就是为了见到梦中人，成就姻缘 t

杜丽娘之所以懦弱而又坚强，热情而又矛盾，均来自于封建礼教的程朱理学对人性的压抑。她孤独与空虚越重，欲望与反抗越强，当她挥动个性解放的大旗并以身试法时，虚伪的封建礼教轰然倒塌。杜丽娘追求"天然之情"，寻求对人的承认与尊重的行为，具有了个性解放、人性觉醒的光辉，也将晚明社会个性解放的思潮推向顶峰。

（2）坚定的反叛与追求，使杜丽娘成为中国古代女子与命运抗争的典型。

杜丽娘追求人性的自然美，不惜以身殉情，表达对封建礼教和禁欲主义的无声控诉和强烈反抗。她的性格也是在与封建势力与假道学的坚定反叛中、与自身传统观念的顽强斗争中逐渐发展起来的。

梦中与持柳书生共谱恋曲，而梦醒后却不得不回到冰冷的现实生活，"睡起无滋味，茶饭怎生咽？"欢愉不再，温暖不再。明白自己想要的在现实中无法实现，她要勇敢地开始追求幸福，于是开始了第二次游园。这次是她不让春香陪伴，独自来到花园，才得以安心寻梦。

然而由梦境中的狂喜突然转到可悲的现实，"寻来寻去，都不见了。"一腔无处发泄的热情在压制中积聚了更大的力量。"牡丹亭，芍药阑，怎生这般凄凉冷落，杳无人迹？好不伤心也！"在对梅树的倾诉中可以看出，这个梦是她全部生命的寄托。没有办法，只能"一时间望，一时间望眼连天，忽忽地伤心自怜。"寻之不可得，极度悲伤。弥留之际，她没有表现出丝毫对生的留恋，这残酷的现实又有什么好留恋的呢！她将自己对青春的珍爱，对美貌的惋惜融于画间，存于在梦中与恋人相见的梅树下，即使变成游魂也要继续寻找自己的爱情和幸福。她的死似乎

在对梅树的倾诉中可以看出，这个梦是杜丽娘 全部生命的寄托

《牡丹亭》——爱欲与文明的冲突，真情与世俗的羁绊

杜丽娘对爱情的追求热烈而
执著

是一种真正的解脱，世间的那一套假道学对她完全失去了控制，她的个性摆脱了礼教的枷锁，从地狱到人间，她顽强地追求自己的理想和幸福。而还魂后，重回阳间，她没有放弃对自由爱情的追求，在父亲不承认他们的婚姻，逼她离开柳梦梅时，她便愤然回答："叫俺回杜家，讪了柳衙，便是你杜鹃花也叫不转子规红泪洒。"追求爱情的坚贞和持久，不达目的誓不罢休的至情至性，这就是杜丽娘所具有的感人力量。《惊梦》《寻梦》《诊祟》《写真》《闹殇》等上演着杜丽娘对生命价值，对自由爱情的不懈追求，用她的行动向封建礼教，向封建王朝进行反抗与控诉。杜丽娘是古代少女追求自由爱情、

很难想象，一个大家闺秀的贤淑女子的内心竟暗藏着如此巨大的力量

反叛世俗，与"命定"抗争的先驱和代表。

（3）情与理的尖锐冲突，使杜丽娘形象具有普遍的社会意义。

杜丽娘对爱情的执著追求是对封建礼教束缚 最有力的回击

《牡丹亭》题词中汤显祖说："如丽娘者，乃可谓之有情人耳。情不知所起，一往而深。生者可以死，死可以生。生而不可与死，死而不可复生者，皆非情之至也。"意在把戏剧中的杜丽娘作为"至情"典范来演绎，以戏剧形式展现其哲学理念。杜丽娘对爱情热烈执著的追求，是对情的宣

《牡丹亭》——爱欲与文明的冲突，真情与世俗的羁绊

扬，对理的叛逆。

杜丽娘是父母眼中贵族之家贤淑的典范，但内心有着不为人知的强烈的情欲本能，"吾今年已二八，未逢折桂之夫；忽慕春情，怎得蟾宫之客？"尽管她渴望性爱，但从小受到的封建教育形成一种强大的自我阻碍力，从而约束了她的本能冲动。这种本能冲动越压抑，其产生的追求欲就越强。"关雎"的催动，春色的美好，让处在现实压抑状态中的她在梦中突破了压制，摆脱了礼教束缚，大胆接受柳梦梅的爱情，她唱出了千百年来中国女性不敢提及，而又是生命原本就有的情歌恋曲，领略了人类固有的在每一个正常人体内蓬勃跳动的欲望。

杜丽娘追求"天然之情"，对柳梦梅，是由"欲"到"情"，首先是青春寂寞才会与柳梦梅冲破男女之防，是自然迸发的生命冲动引向与柳梦梅的梦中幽会，享一时之欢，由此才孕育了生死不忘之情的。杜丽娘在相思与绝望中死去后，身虽死，但激

经过爱的洗礼，死而复生的杜丽娘如同涅槃的凤凰

汤显祖与《牡丹亭》

《牡丹亭》剧照

情并没有消退，《魂游》《幽媾》《欢挠》又一次让我们观察到了杜丽娘的真实内心世界。而在《幽媾》中，杜丽娘更是大胆地摆脱了封建礼教的束缚，释放了被压抑许久的情绪，以鬼与梦梅相恋结合，喊出"生生死死为情多"的人生宣言。经过爱的洗礼死而复生的杜丽娘，敢于面对封建家长，在金銮殿演绎自己"生生死死为情多"的经历，面对皇帝重复提出她回生时承诺的："必待父母之命，媒妁之言"始可成亲，她侃侃答道："真乃无媒而嫁？保亲的是母丧，送亲的是女夜叉！"丽娘的抵抗性格发挥到了至高处，顽强地捍卫了自己的爱情。

杜丽娘"以情抗理"，对性爱的执著追求

和大胆抗争终于赢来了胜利，《牡丹亭》中复杂的心路历程完成了她自我性格的塑造，反抗"理"的秩序，达到至"情"的境界，这在客观上也鼓舞着青年男女为争取恋爱婚姻自由与封建礼教做斗争，这种毫不掩饰地张扬个体、张扬情欲的意识，宣扬了真情的神圣和超越生死的力量，也正是《牡丹亭》的卓越与深刻之处。

（4）封建意识的残留和对于功名的追求体现了杜丽娘自然健全的人性

在《牡丹亭》中汤显祖集中了自己的希望与追求，塑造了杜丽娘这样一个代表着个人觉醒的艺术形象。仔细阅读作品我们似乎还能看出她不易被人察觉的另外一些性格特点。她死而复生后，念念不忘媒妁之言，父母之命，不忘柳梦梅的科举功名，这样的设置使杜丽娘这样一个近乎完美、超乎现实的形象具有了更加丰富的色彩和健全的人性。

在追寻到自己所恋之情和所盼之情后，杜丽娘仍是希望自己的婚姻要有"父母之命，媒妁之言"，"走婚"中，当柳梦梅急欲与还魂后的杜丽娘结成夫妻时，杜丽娘却说：

二人虽能相爱，却仍希望得到父母的祝福

《牡丹亭》——爱欲与文明的冲突，真情与世俗的羁绊

虽然杜丽娘反对封建束缚，但长达数十年的封 建礼教已渗透到她的骨髓，不是轻易就能摆脱的

【旦】秀才，可记得古书云："必得父母之命，媒妁之言"。

【生】日前虽不是钻穴相窥，早则钻坟而入了，小姐今日又会起书来。

【旦】秀才，比前不同。前夕是鬼也，今日是人也。鬼可虚情，人须实礼。

死而复生后的杜丽娘在经历了死死生生的波折历程后，她需要社会的认可，她需要自我价值的实现，要求有与"虚情"不同的"实礼"的婚姻形式，。"必得父母之命，媒妁之言"是封建社会对自由婚姻的顽固约束，本是杜、柳二人急欲推翻和摒弃的教条，在此时，她却尽力按此规矩去做，虽然无法得到"父母之命"，但她让石道姑做媒，得到了"媒妁之言"。

二人冲破重重阻碍，终于美梦成真

她给柳梦梅的理由是："那是魂，这才是正身陪奉。伴情哥则是游魂，女儿身依旧含胎"。说明了虽然杜丽娘高举反封建礼教的大旗，可那些渗入骨髓的封建残毒不是短时间内可以消除的，而她做到的已实属不易，也是汤显祖将杜丽娘塑造成一个健全的自然人的重要一笔。

杜丽娘不仅期待自己在社会中有完美的形象和良好的表现，更看重夫婿政治地位的实现。"

【小措大】（旦把酒介）喜得一宵恩爱，被功名二字惊开。好开怀这御酒三杯，放着四婵娟人月在。立朝马五更门外，听六街里喧传人气概。七步才，蹬上了寒宫八宝台。沉醉了九重春色，便看花十里归来。【前腔】（生）十年窗下，遇梅花冻九才开。夫贵妻荣八字安排。

《牡丹亭》——爱欲与文明的冲突，真情与世俗的羁绊

牡丹亭

敢你七香车稳情载，六宫宣有你朝拜。五花诰封你非分外。论四德、似你那三从结愿谐。二指大泥金报喜。打一轮皂盖飞来。

【尾声】盼今朝得傍你蟾宫客，你和俺信精神金阶对策。"杜丽娘在憧憬着夫荣妻贵，恩爱和谐的美好生活。"婚走"临安，陪柳生上朝取应并为他的高中而骄傲："爹娘，人间白日里高结彩楼，招不出个官婿。你女儿睡梦里，鬼窟里选着个状元郎。"可见杜丽娘的自豪与满足。而对杜丽娘的功名欲望作者是予以肯定的，毫无批判之意，这也是汤显祖政治理想和愿望的表达。

以上种种对杜丽娘看似矛盾和冲突的

表现展示出她作为一个活生生人的多彩和完整。

汤显祖笔下杜丽娘在一种时代的压抑和窒息氛围中生存、成长，她被情累，为爱追。她为情而死，为情而生的动人力量激励人们冲破封建礼教的束缚，勇敢追求美好幸福的生活。杜丽娘是中国古代文学画廊中一个光彩照人的艺术形象。

2. 柳梦梅——风流偶傥雅才子 痴情血性真男儿

《牡丹亭》中杜丽娘的形象深入人心，人们也往往把注意力和赞美之辞都放在杜丽娘身上，但柳梦梅是促成杜丽娘个性解放，意识觉醒的重要人物，儒雅多情、偶傥风流、憨直自信、血气方刚的他携手杜丽娘共同完成了对至情的

柳梦梅是一个儒雅多情、血气方刚的真男儿

《牡丹亭》——爱欲与文明的冲突，真情与世俗的羁绊

守护和对于封建礼法束缚人性的反抗。

（1）至真至情 可亲可爱

柳梦梅在作品中最突出的地方要数他对杜丽娘如痴如醉的爱，他从内心发出的无掩饰的至爱真情，不仅打动了丽娘的心，也让世人看到了汤显祖笔中封建礼教下那无法拘束的可亲可爱的形象。他聪慧饱学，又有些自视清高；童心未泯，自然会不谙世故；书生气十足，却不像一般书生那样文质彬彬，而是带着一种敢说敢做的傻劲。

戏剧一开始，柳梦梅就只因梦见园中梅花树下亭亭玉立的女子说："柳生，遇俺方有姻缘之分，发迹之期"，便无法忘怀，

柳、杜二人结缘于园中梅花树下

汤显祖与《牡丹亭》

而将父母所起的名字改为"梦梅"，只因一个梦，只因梦中的女子。可见，从第一次在梦中与杜丽娘相见，就在心中播下爱的种子。

在《惊梦》的中他被"如花美眷"折服，对杜丽娘毫无掩饰地诉说："咱爱煞你哩"。当他得到钦差使臣苗舜宾资助，赶考途中病卧梅花庵观，有幸拾到丽娘的自画像后，见其美貌非常，疑为观音，仿佛嫦娥，妙下可言，似曾相识。对着画儿说："相看四目谁轻可！恁横波，来回顾影，不住的眼儿睃。"对画的"赏——猜——识——叫"过程中呈现的一言一笑，一张一弛，仿佛只有他是最能体味画中人情意的人。"美人，美人！姐姐，姐姐！"是他情不自禁的呼唤，"少不得将小娘子画像，早晚玩之，拜之，叫之，

柳梦梅病卧梅花庵观，有幸拾到杜丽娘的自画像，二人由此结缘

《牡丹亭》——爱欲与文明的冲突，真情与世俗的羁绊

柳梦梅对画像中的杜丽娘一见钟情

赞之。"既憨态可掬，又感人至深，正与杜丽娘感叹自己的美好无人欣赏呼应，此时杜丽娘的美貌、才情终于被有情的柳梦梅发现、珍惜，怎能不让人喜悦、振奋。

对于杜丽娘的因慕色伤心气绝，杜宝不相信，阴间的判官也不相信，而柳梦梅疑惑了一下：敢是梦也？之后便相信了，对丽娘这一丝夜半飘来的游魂说："你是俺妻，俺也不害怕了。"甚至对丽娘十分怜爱，处处为她着想，可见他对丽娘的一往情深。当丽娘要求其爱情专一时，他爽快答应，拈香发下"生同室，死同穴"的誓言。如果不是柳生那一句

汤显祖将梦中之景刻画得如临其境，细腻逼真 t

汤显祖与《牡丹亭》

句至诚的呼唤，又怎能将丽娘的游魂儿吸引住？
丽娘爱他"一品人才"，更看重他"情倾意惬"，
所以才能生死以之："前日为柳郎而死，今日
为柳郎而生。"《冥誓》中更为可贵的是，他
遵照丽娘嘱咐，不顾"开棺见尸，不分首从皆斩"
的律条，冒着掉脑袋的风险和身为读书人的耻
辱，请求石道姑帮助，掘坟开棺助丽娘起死回
生。丽娘回生后见到他说的第一句话就是："咳，
柳郎真信人也！"并且赞他"重生胜过父娘亲"。
这掘坟起尸，不顾礼法的大胆举动是丽娘的真
情给了他勇气与胆识，从这种意义上说，他是
丽娘复生的力量源泉。开棺后他顾不得自己承
担的风险，心心念念记挂着杜丽娘回生后要定

《牡丹亭》——爱欲与文明的冲突，真情与世俗的羁绊

魂汤药压惊，他甚至不舍得把杜丽娘口中吐出的水银赏人，说："此乃小姐龙含凤吐之精，小生当奉为世宝！你们别有酬犒。"把一个善良、憨厚、痴情的书生活画了出来。

丽娘重生之后，听说父亲任淮扬安抚使，正在抗金前线，急于知道父母消息，他便不怕风险，风餐露宿，背着包袱、带着雨伞去赴前线代妻探望父母，吃尽了苦头，却又心甘情愿。他面对杜宝傻乎乎地称"杜老爷女婿拜见"，自讨没趣，还被杜宝当成了骗子。太平宴上，虽被拒绝接见，却傻傻地在班房里打起"太平宴诗"的腹稿来，以备应对岳父考他的文才。他实在饥困难当时，便不管不顾"冲席而进"，还动手打了前来拦阻的人。柳梦梅满心欢喜地带来丽娘重生的消息，却被杜宝吊起来拷打，而当郭驼寻至并给他带来了中了状元的喜讯的时候，他只道："真个的？快向钱塘门外报与杜小姐知道！"而不是立即要求停止吊打，这样的情深意重，让人又怜又爱。佣人郭驼见主人柳梦梅被岳父杜宝吊打而大呼："是斯文倒吃尽斯

柳梦梅经历种种磨难与侮辱后，终于赢得了爱情

文痛，无情棒打多情种。"这显然是对柳梦梅准确而又中肯的评价。

（2）刚毅自信　敢做能为

柳梦梅不仅对杜丽娘痴心一片，更吸引人的还是他不畏权贵、不畏强暴的刚强性格。掘坟救妻，婚走临安，前线寻亲，已经表现出他刚毅自信、敢做敢为的性格。

他刚强性格之集中表现则在《硬拷》和《圆驾》两出。他丝毫不惧怕相府的权势，据理力争，"剑气吐长虹"。《硬拷》中杜宝根据陈最良的指控，认为他是"奸盗诈伪"、掘坟盗墓的人，却毫无所惧，"小生为小姐费心，除了天知地知，陈最良那得知！"并叙救活杜丽娘情形，并坚定且骄傲地说："我为他礼春容、叫的凶，我为他展幽期、耽怕恐，我为他点神香、开墓封，我为他唾灵丹、活心孔，我为他……"言语之中渗透着对丽娘的深情，可杜宝以为他"着鬼了"，命令"取桃条打他，长流水喷他"。吊打让一介书生痛楚难当而他却绝不屈服，那心中荡漾的情感更是他坚持到底的支撑。待被前来迎接状元的会试主考官苗舜宾救下之后，他不顾余痛而调侃杜宝，说有朝一日，"我呵，人雄气雄；

一系列的磨难证明柳梦梅有着刚毅自信和敢作敢为的性格

老平章深躬浅躬，请状元升东转东。"柳生威武不屈的气魄令人钦佩。然而杜宝仍是拒不承认女儿还魂一事，只得请出圣上裁决，他更以藐视相爷的高姿态出现。上殿之前，他对杜宝说："今日梦梅争辩之时，少不得要老平章搁笔。"接着责其军事无能，揭露出他靠贿赂贼将李全的妻子杨婆而退兵之事，又控诉他犯了"纵女游春""女死不奔丧，私建庵观""嫌贫逐婿，吊打钦赐状元"三大罪状，而平日威风凛凛的宰相杜宝只有应声"是了""罢了"的份了。柳生不仅敢于面对权贵，而且机敏果敢，上殿之前已经占了上风，金殿之上更是据理力争。首先是辨认丽娘是人是鬼，特证明"委系人身"之后，又有个"自媒自婚"的

《牡丹亭》——爱欲与文明的冲突，真情与世俗的羁绊

问题。对于这个问题，丽娘除了以"臣妾受了柳梦梅再活之恩"为理由之外，还自豪地承认"真乃是无媒而嫁"，说"保亲的是母丧门"，"送亲的是女夜叉"，直以鬼婚为荣。柳生则与丽娘紧密配合，理直气壮地宣称他与丽娘人鬼之婚"是阴阳配合正理。"语似打诨，意却严肃，寄寓着作者以情抗理的思想。待圣旨命"父子夫妻相认，归第成亲"，柳生却只认丈母，不认丈人。陈最良劝他，他却说："则认的十殿阎君为岳丈！"这是气头上的话，却有着同样的寓意。

（3）才学兼备 积极进取

柳梦梅只是一个赶考的士子，他并没有亲

柳梦梅专心备考

汤显祖与《牡丹亭》

自参加宋金之间战争，只是曾经受杜丽娘所托去前线探亲，并报杜宝女儿未死的好消息。然而在"耽试"中，面对试题"和战守三者孰便"，他以"可战可守而后能和。如医用药，战为表，守为里，和在表里之间"作答，针对当时边事软弱与颓废的被动局面，强调以足兵足食的实力灵活掌握边事战和之主动权的一个良好愿望与理想，面对再问"则当今事势何如"，他以"当今呵，宝驾迟留。则道西湖昼锦游。为三秋桂子，十里荷香，一段边愁。则愿的'吴山立马'那人休。俺燕云睡守何时就？若止是和呵，小朝廷羞杀江南。便战守呵，请銮舆略近神州"回答，他对战争与边事问题高明的策论反映了他非凡的政治韬略与杰出的才能。虽受到苗舜宾的提携，

柳梦梅在"耽试"中不慌不乱，对问题有自己的独特见解

《牡丹亭》——爱欲与文明的冲突，真情与世俗的羁绊

柳梦梅对战事问题的雄韬伟略同样是对封建科举制度的极好讽刺

但确是一名良才。这正好也与代表封建理学的杜宝等人做出的荒唐错误的决定产生了鲜明的对比，表明了只有未受传统理学禁锢与腐化的人才具备真才实学。

柳梦梅为柳宗元后代，出身高贵，却流落岭南，"几叶到寒儒，受雨打风吹"；有一腔才学，却"未遭时势，不免饥寒"；身处逆境，却没有失掉抱负，所谓"贫薄把人灰，且养就这浩然之气"。虽满腹经纶，但困于饥寒，为了求取功名不可避免地干谒权贵，可他并没有一味地卑躬屈膝。可以说在这一方面汤显祖是有意让柳梦梅成为一个真实的人物，展现一个真实的社会。

柳梦梅是汤显祖笔下一个具有理想主义色彩的晚明士子形象，无疑体现了作者的文人价值观，带有进步的人文气息。不可避免地，柳梦梅也有性格上的缺陷，他并没有什么济国安邦之志，在与杜丽娘相恋相处的过程中，言行举止也多少有些轻佻。但这些是柳梦梅这个艺术形象必然携带的现实生活印迹。

柳梦梅是一位忠于所爱、藐视礼法的痴心情种，是一位不谙世事，憨诚可爱的饱学书生，是一位不畏强暴、敢作敢当的铮铮硬汉，他与杜丽娘一起反抗封建礼教对其身心的禁锢，追求自由与幸福，有力地反衬了现实的黑暗，是《牡丹亭》中另一光彩照人的艺术形象。

柳梦梅和杜丽娘一起叩响了向封建礼教宣战的大门

3. 杜宝——封建官僚的代言祸首 爱女忠国的慈父良臣

《牡丹亭》中的杜宝一直是被作为此剧的配角被后人来分析的，对杜宝的态度也多以贬斥为多，我们在仔细研究剧作的基础上，应更全面深入地看待这一人物形象，看待他在作品中所反映的历史真实性和作者要表达的爱憎情感。

（1）杜宝是封建家长与封建官僚的代言人。

作为主人公杜丽娘的父亲，他的封建思想根深蒂固，是剧中杜丽娘"情"的主要对立面人物。在家庭中，思想僵化的他对杜丽娘严加管教，严格限制杜丽娘的生活天地，处处"拘束身心"，规定她读书绣花，连睡午觉也要横加干涉，而且不得出"香闺"，使得丽娘连自家后园都没去过。还有在"训女"的开场白中就说到："三年出守，清明惠政，播在人间"，俨然是封建专制的代表。作为南安太守，后晋升为安抚使和宰相的杜宝和杜丽娘、柳梦梅间的矛盾，是不同社会理想之间的冲突。他束缚和摧残丽娘的个性，破坏丽娘的婚姻，努力按照自己的愿望行事，力图把丽娘培养成典型的封建淑女，是整个封建制度迫害青年一代的典型代表。但是，杜宝并非有意扼杀杜丽娘追求自由生活的美好愿望，种种管束都是出于爱女心切之情。杜宝没有儿子，只有丽娘一个女儿，虽然存在着宗法观念制度下男尊女卑的观念，但从来没有对女儿厌恶或排斥，他把"光宗耀祖"的希望全部寄托在女儿身上，

杜宝是封建官僚的典型代表，作者对他给予了批判

汤显祖与《牡丹亭》

以封建礼教训导女儿。他指望为女儿招得个"好女婿"，来继承他的功业。尽管在我们看来是假道学，剥夺女儿和追求理想生活的愿望，然而，即使是出于封建伦理道德的教育也是他真心爱女的流露，当失去爱女时，杜宝伤心痛苦，不能自已，场面真实动人。《闹殇》中有这样一段对白："（外）快苏醒，儿，爹在此。（旦作看外介）哎哟！爹爹，扶我到中堂去罢。（外）扶你也，儿。（扶介）（旦）爹，今夜是中秋？（外）是中秋也，儿。" 字里行间饱含着对爱女的深情。虽无法亲自打理女儿的后事，但交代陈最良："因小女遗言，就葬后园梅树之下，又恐

《牡丹亭》——爱欲与文明的冲突，真情与世俗的羁绊

杜宝虽然骨子里封建保守，
却是一个忠君爱国的志士

不便后宫居住，已分付割取后园，起座梅花庵
观，安置小女神位。就着这石道姑焚修看守。"
甚至在翁婿拒不相认的关头，一见杜丽娘昏厥
在地，竟情不自禁地惊呼一声："我的丽娘儿！"
骨肉之情流露无遗。作品在不少地方都表现了
他的爱女之情，增强了人物的历史真实性和艺
术说服力。

（2）杜宝还是一位爱国的忠士爱民的好官

杜宝不只是一位封建家长，还是一位忠君
爱国的忠士。作者也用了不少笔墨描写他的文
治武功。《劝农》中描写到："〔生、末扮父
老上〕白发年来公事寡。听儿童笑语喧哗。太

守巡游，春风满马。敢借着这务农宣化？俺等乃是南安府清乐乡中父老。恭喜本府杜太爷，管治三年，慈祥端正，弊绝风清。凡各村乡约保甲，义仓社学。无不举行。极是地方有福。"通过村夫野老之口，称赞在他管治下"弊绝风清"，着力颂扬了他的不凡政绩。

"闹殇"中"金寇南窥，南安知府杜宝，可升安抚使，镇守淮扬。即日启程，不得违误。"国难当头，委以重任，可见朝廷对他的重视和依赖，从侧面交代了他的作战能力。杜宝在

《牡丹亭》——爱欲与文明的冲突，真情与世俗的羁绊

痛失爱女同时也是国难当头之际，他把抵御敌人放在第一位，将女儿的后事交代给了别人，便匆匆上路。也表现出了一种以国家为重的气度和气节。以后更是浓墨重彩地描写了他的赫赫战功。而后《硬拷》中又因平叛有功而"叨蒙圣恩，超迁相位"。可谓功勋著于当代、宦名闻于一时的封建理想官僚。而文中对封建礼教势力的小丑，诸如祝公远、崔夫人之类的刻画，反衬了杜宝作为一个封建社会的忠实臣子，既忠心维护腐朽的封建制度，又有可敬的政绩功业。

但他在宋金之战中消极守御策略的无力以及议和之计的荒唐，连他自己也不由发出了"生还无日，死守由天"的哀叹，在他卓著的功勋章上涂上了颇具悲情和充满闹剧的色彩，暴露了国家在边政上软弱与无能的局面，体现了作者对封建阶级清醒的政治态度。

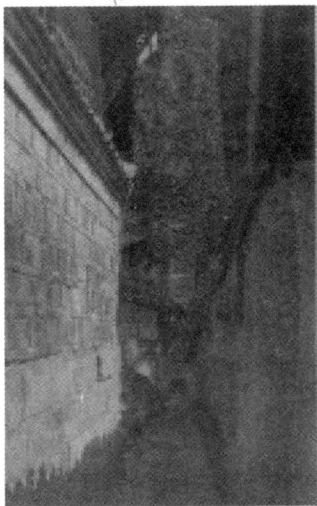

杜宝是作者塑造的一个矛盾人物形象：既恪守 封建礼教，又是爱民如子的好官

总之，杜宝是《牡丹亭》创作中一个矛盾的综合体，通过劝农、抗金等情节反映了他是一个爱民如子的好官；同时也是一个以自己的方式疼爱女儿的好父亲。另一方面，他是腐朽顽固的封建统治阶级的代言人，与杜丽娘所追求的理想世界形成对立，是制造杜丽娘和柳梦梅最初爱情悲剧的祸首。具有

《牡丹亭》——爱欲与文明的冲突，真情与世俗的羁绊

丰富、复杂的思想性格的杜宝是《牡丹亭》中又一鲜活的人物形象，也是作者汤显祖的政治理想和政治态度的体现。

除了杜丽娘、柳梦梅、杜宝三位起支撑作用的主要人物外，其他人物的塑造也是形象鲜活，性格突出。杜夫人是爱情故事中另一位封建家长形象，在思想上积极维护刻板的礼教，在行动上积极推行礼教之道，然而作为丽娘的母亲却又心地善良。小春香乖巧精灵，虽然是名婢女，但对丽娘春情的觉醒和爱情的追求起到独特的启发和推动作用。陈最良儒朽腐酸，一辈子恪守礼教之道，是一个自己深受礼教之害而不自知、尚以之毒害别人的形象。苗舜宾是作品中的一个特殊人物，在他身上既反映了

春香虽只是一个婢女，却十分乖巧聪明，帮助小姐成就了姻缘

汤显祖与《牡丹亭》

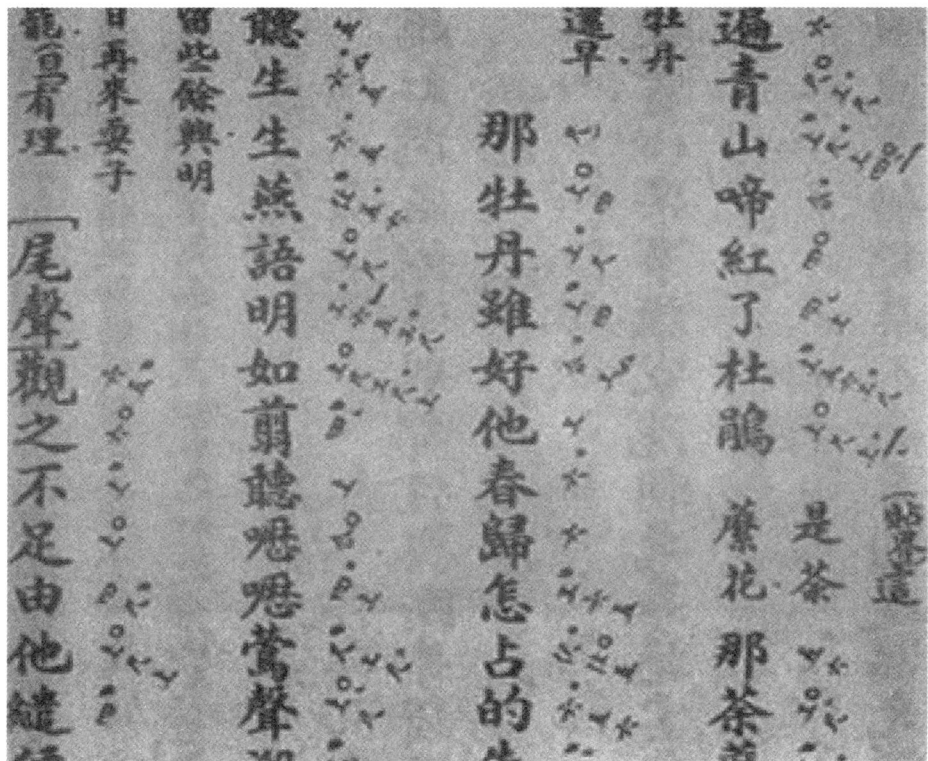

朝廷生活的腐败，也寄托着作者希望朝廷能够振
作朝纲，并选拔和任用柳梦梅这样有真才实学的
人才来治国安邦的热切愿望。此外还有荒诞的石
道姑、阴冷的判官、忠善的郭驼，形形色色的人物，
围绕着主线，以各自迥异的性格特征和行为脉络，
展示着《牡丹亭》丰富多彩的人生画卷。

（五）《牡丹亭》的艺术特色

汤显祖说"一生'四梦'，得意处惟在《牡丹》"。
沈德符《顾曲杂言》说："《牡丹亭梦》一出，
家传户诵，几令《西厢》减价。"不但具有深刻

《牡丹亭》——爱欲与文明的冲突，真情与世俗的羁绊

《牡丹亭》运用了浪漫主义手法，故事曲折离奇

的思想内涵，而且表现了卓越的艺术成就的《牡丹亭》，凭借曲折离奇的故事情节、生动细腻的人物刻画和华丽优美的文学语言，几百年来一直激荡着人们的心灵。

《牡丹亭》在艺术上最大的特点是把浪漫主义手法引入传奇创作。

1.艺术构思的浪漫主义风格，使情节离奇，曲折多变

《牡丹亭》着眼点是面向未来，呼唤未来，期盼有情社会的到来，侧重在对理想的憧憬，因此浪漫主义自然会多一些。《牡丹亭》故事情节本身就曲折离奇：杜丽娘因情成梦、因梦生情、为情而生、为情而死的异乎寻常的情感

汤显祖与《牡丹亭》

历程是无法用现实主义的表现手法来完成的，必须借助超现实的想象。杜丽娘终于能实现自己的爱情愿望，也显然是理想的胜利而不是现实的胜利。

作者借助于离奇的情节，运用现实与梦幻相间描写的手法，无形中揭露了封建婚姻制度造成男女青年形神分裂的罪恶，表现了理想世界与现实世界的尖锐对立、激烈冲突和不可调和的矛盾。如"游园"部分运用了现实主义的笔法，具有写实性；"惊梦"部分富于浪漫主义的色彩，充满理想性。

全剧借梦言情，用笔细腻、意脉曲致，基本构思突破了现实生活的限制，在幻想中显示

《牡丹亭》借梦言情，笔法新颖细腻

《牡丹亭》——爱欲与文明的冲突，真情与世俗的羁绊

汤显祖深受庄子"自由"人生观的影响，思想较为开放

着细节之真，人性之真，充满了浓烈的理想主义色彩与强烈的主观精神追求，也产生了强烈的时代共鸣感和现实批判力。

2. 从"情"的理想高度来观察生活和表现人物

汤显祖深受佛道思想的影响，道家着重追求"自然"，特别是庄子追求"绝对自由"的人生观，道教中天地神鬼所组成的世界构建了他的"至情"论。这些都为杜丽娘追求至情做了铺垫。

在《牡丹亭》剧本里，汤显祖力透纸背地书写了一个字：情。因此，汤显祖的戏剧都离不了一个情字，他肯定人出自天性的一切合理欲求，其中，既包括男女自然情欲，也包括个人自我实现的需要。表现了情感与个人理想、价值观紧密结合。从杜丽娘敢想、敢做、敢爱、敢死、敢生的壮举中也可以清晰地看到这种轨迹。

《牡丹亭》可谓明传奇中一场书"情"的大戏，经典的惊梦、寻梦、写真、闹殇、魂游、幽媾、欢扰、冥誓、回生等戏目无不抒发了主人公对人类的至爱、渴望、憧憬和理想。汤显祖用浪漫的描写手法把"情"的观念，把自己无法解脱的思想苦闷和社会矛盾冲突，贯穿于整体构思，渗透于整部作品。"但使相思莫相负，牡丹亭上三生路。"《牡丹亭》的"情"是剧中人的情，更是作者的"情"。

《牡丹亭》中营造了一种浪漫的意境

3. 创造了一系列的意象，渲染并增添了戏剧的浪漫气息

《牡丹亭》的创作中大量运用了各种意象，如梦、柳、梅、牡丹亭等，使其具有震撼人心的艺术魅力和深刻的思想意蕴。

文中共有两处写到"梦"：一是柳梦梅的梦。第二曲《言怀》中写道："梦到一园，梅花树下，立个美人，不长不短，如送如迎。"

《牡丹亭》——爱欲与文明的冲突，真情与世俗的羁绊

梅在中国文学史上有着丰富的内涵

柳梦梅的梦为后来杜丽娘的梦埋下伏笔，使作品产生了一种似有似无的梦幻之感。二是杜丽娘的梦。她因慕春望春而成春梦。梦在这里已超越物之表象，而具有某种象征意义，也就是说具有意象的性质。"梦"已经成为自由、解放的一条途径、一种象征。在梦中，杜丽娘第一次享受到爱情的美好，领略了生命的真谛。然而，梦终归是梦，梦醒后杜丽娘感梦而亡，反映她在现实中挣脱束缚，实现理想是不可能的。汤显祖通过"梦"的意象，深刻揭示封建礼教摧残人性的罪恶本质，把情和理的冲突所造成的思想苦闷表现得淋漓尽致。汤显祖曾自谓"一生'四梦'，得意处惟在（牡丹》。"可见"梦"在汤显祖心中、在他的戏曲文中的核心作用。

梅意象在中国文学史上有着丰富的文学内涵，或表达相思、离别之苦，或体现清冷孤傲之品，或有贬谪之意。在汤显祖笔下的梅意象有着丰富多彩的表现力与独树一帜的特色，他非常重视对残梅意象、梅树意象和梅子意象的运用，既体现了对梅意象的传统内涵的继承，又呈现出其独特之处。柳生梦见美丽的女子亭亭玉立于在梅树之下，便改名"柳梦梅"。在杜丽娘梦中更是梅树绿叶如盖，一见倾心，后因梦感伤而死，便要求葬于梅树之下。后杜丽娘魂游梅花庵，见到石道姑在净瓶中供奉的残梅，便慨然叹道："梅花啊，似俺杜丽娘半开而谢，好伤情也。"更是直接将残梅与一己之命运相关照，无限感伤，体现梅意象的相思与离别之意。在梅这一意象上寄托了杜丽娘这一形象的特质，梅与人合一，既在于杜丽娘有梅花之清幽冷傲，更在于她的倔强与执著，这集中体现为梅花耐寒而开、不畏风雪的品性与杜丽娘执着不畏礼教、追求爱情的相似性上。可见作者匠心独具。而其对

梅花

《牡丹亭》——爱欲与文明的冲突，真情与世俗的羁绊

梅意象的运用又与以往文人多表现盛开的梅花不同，汤显祖主要集中于绿叶如盖、青子累累的梅以及残梅，使梅意象的运用方法更加灵活和丰富，使梅意象在梅自然生长的每个阶段都能够折射出独特的人文意义和文化内涵。

柳枝这一意象在全剧中意义非凡，为柳、杜二人爱情蒙上一层命定的色彩。作者在创作时选用柳枝作为两人梦中相见的信物，梦梅姓柳，手中执柳，柳梦梅一直被杜丽娘称为执柳的书生，也可以说作者以柳代表着柳梦梅，是柳梦梅其人的一种内在精神的外化。在第十四出《写真》中，杜丽娘所说"此莫非他日所适之夫姓柳乎？故由此警报耳"，就是说"柳"枝暗示了梦中姻缘男主角的姓氏，为"不在梅

柳枝在全剧中意义非凡

汤显祖与《牡丹亭》

边在柳边"的日后姻缘写下注脚和暗示，为杜丽娘与柳梦梅的夫妻缘分蒙上一层命定的色彩，从而为后来的杜、柳人鬼幽媾减少一些社会道德批判。此外，柳树生命力很强，民间有"断植之更生"的认知，在"柳"这一意象上类比和移情，就产生了另一层的含义，那就是"柳"暗示和象征了杜丽娘"生而死，死而生"的整个艰难过程，而最终会像柳一样"更生"、顽强地成长。同时，也隐喻着赠"柳"之人柳梦梅是给予其复生力量的源泉。

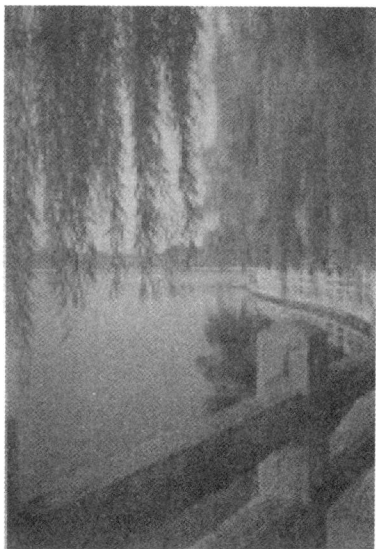

岸边垂柳

《牡丹亭》在人物塑造方面注重展示人物的内心世界，在矛盾斗争中揭示人物性格，从而塑造出一系列生动鲜活的人物形象。

从《牡丹亭》的结构安排来看，其情节的发展始终交织着两条线索，一条是杜丽娘、柳梦梅奇特的爱情，一条是杜宝辉煌的文治武功。前者展示了理想世界的自由幸福，后者展示了现实世界的威严显赫。全文交织秩序森严的现实与自由浪漫的理想的正面冲突，展示着理想与现实不可妥协的矛盾，渗透着情与理的纠缠。也正是在矛盾冲突中才能使主人公的形象鲜活而

《牡丹亭》——爱欲与文明的冲突，真情与世俗的羁绊

有力。作者不但善于在渐次推进的矛盾发展过程中来揭示人物不断发展的性格，而且善于深入人物的内心世界，发掘人物幽微细密的情感，使之形神毕露，从而赋予人物形象以鲜明的性格特征和深刻的文化内涵。《惊梦》通过景物、动作、语言、梦境等的描写，以或委婉表达，或直抒胸臆等多种方式道出了杜丽娘青春的苦闷、情思的荡漾以及她对美好生活的向往和追求、对冷酷现实的抗议和斗争，把她微妙复杂的内心世界描绘得既委婉曲折，又真实生动；既层次分明，又入木三分。除杜丽娘这一光彩夺目的形象外，柳梦梅、杜宝、陈最良等人物也刻画得栩栩如生，具有鲜明的性格特征和深刻的文化蕴涵。

作者将人物的心理刻画得十分生动细腻

汤显祖与《牡丹亭》

汤显祖的语言如梅花般清新自然，富有感染力

　　三是语言华丽，曲辞优美，意境深远，富于个性化和诗化。

　　汤显祖具有出色的文采和深厚的文学修养，以语言的绮丽华艳、典雅蕴藉著称，奇巧、尖新、陡峭、纤细的语言风格也是使其深受肯定的原因之一。《牡丹亭》是汤显祖戏剧创作的最高成就，既继承了元杂剧本色语言的优良传统，又融合有六朝辞赋、五代词作的绮丽文采，别具风格，因而人们也往往把《牡丹亭》的语言风格，看做汤显祖剧作语言风格的典型代表。王骥德《曲律》

《牡丹亭》——爱欲与文明的冲突，真情与世俗的羁绊

也提到《牡丹亭》"掇拾本色，参错丽语，境往神来，巧凑妙合，又视元人别一蹊径。"陈继德在《牡丹亭题辞》中说："独汤临川最称当行本色，以《花间》《兰畹》之余彩，创为《牡丹亭》，刚翻空转换极矣。"

《牡丹亭》言辞优美，意境深幽

从《牡丹亭》全剧来看，其中的唱词和宾白都写得很优美，特别是唱词，婉转清丽且细腻动人。通过诗与剧的谐美结合创造出诗情画意般的戏剧情境，极具艺术感染力。作者正是以如此自然本色而又绮丽清新的戏剧语言来表达不同人物形象的不同特质和性格特点，增强戏剧的感情色彩，使剧本产生更大的感染力。杜丽娘唱词时而优美自然如小溪细吟，时而真挚抒怀如波涛奔腾，适时地表现出她不同境遇中的不同心绪，将其奔放感情和委婉心理表现得恰到好处，在"戏"完整紧凑的情节中饱含着诗凝练、浓重的色彩。

此剧还体现了作者活用典故的高超技艺。"剪不断，理还乱"引用的是南唐后主李煜《乌夜啼》中的"剪不断，理还乱，是离愁。别是一般滋味在心头。""沉鱼落雁""羞花闭月"出自庄子《齐物论》。"朝飞暮卷"是化用《滕王阁诗》"画栋朝飞南浦云，珠

良辰美景惹人醉

帘暮卷西山雨"的诗句。汤显祖不但在多处引用活用古代经典的诗句，而且配合场景与人物的内心活动，不但使原诗句本身又具有了更深更多的内涵，更使本曲的表达更加贴切、完美。如"良辰美景奈何天，赏心乐事谁家院"则出谢灵运《拟魏太子邺中集诗序》："天下良辰美景，赏心乐事，四者难并。"表现杜丽娘丰富的内心世界，在欣喜中混合着哀愁，在短暂的自由的享受中混合着对"理法"的抗争。《红楼梦》第二十三回中写到林黛玉听贾府家的戏班表演《牡丹亭》的"惊梦"，因有感其精彩的唱词从"不觉点头自叹"到"心动神摇"，再到"越发如醉如痴"，可见林黛玉受到了强烈感染，迸发出共鸣。作者对古代经典的名句信手拈来，精心打造，又何止感染了林黛玉一个人？

《牡丹亭》基于生活，高于生活，继承元杂剧的本色传统，又自铸入进古典诗词，锤炼出一种真切自然与华彩空灵相结合的戏曲语言，充分展现了作者文辞的华美与清丽，既富于诗情画意又绚烂多彩，表现出很高的艺术水准。文中的一些唱词直至今日仍然脍炙人口，传唱不衰。

汤显祖与《牡丹亭》